Seneca
Der Weise ist sich selbst genug

Seneca
Der Weise ist sich selbst genug
Gedanken für alle Lebenslagen

Übersetzt und herausgegeben von
Ursula Blank-Sangmeister

Mit 11 Abbildungen

Reclam

Für Ingrid

Neuausgabe des 1996 unter dem Titel
Seneca-Brevier erschienenen Bandes

Alle Rechte vorbehalten
© 1996, 2014 Philipp Reclam jun. GmbH & Co. KG, Stuttgart
Einbandgestaltung: Martin Völlm unter Verwendung eines
Wandgemäldes aus dem Haus des Pinarius Cerialis in Pompeji –
© akg / Bildarchiv Steffens
Satz und Druck: Reclam, Ditzingen
Buchbinderische Verarbeitung: Kösel, Krugzell
Printed in Germany 2014
RECLAM ist eine eingetragene Marke
der Philipp Reclam jun. GmbH & Co. KG, Stuttgart
ISBN 978-3-15-010975-5

www.reclam.de

Inhalt

Vorwort
11

I
Aufforderung zur Philosophie
23

II
Welt und Natur
35

III
Leben und Schicksal
43

IV
Götter und Religion
51

V

Leben in der Gesellschaft

67

Urzustand 69
Umgang mit der Masse und den
Menschen allgemein 72
Frauen 84   Sklaven 89
Geselligkeit und Freundschaft 94
Wohltätigkeit 101   Politik 107
Arbeit und Muße 121
Wohnen, Reisen, Verbannung 123

VI

Erziehung, Studien, Wissenschaften

133

VII

Der Mensch in seiner Zeitlichkeit

153

Körper 155   Krankheit 158
Alter 164
Umgang mit der Zeit 166
Tod und Unsterblichkeit 175
Selbstmord 191

VIII
Affekte, Laster, Leidenschaften
197

Definitionen 199
Allgemeine Situation 201
Kriege 202
Unnatürliche Lebensweise 204
Alkohol 206
Genußsucht und Habgier 208
Armut und Reichtum 213   Wollust 219
Liebe 221   Furcht 224   Zorn 226
Ergebnis 231

IX
Güterlehre, sittliche Vollkommenheit, Glück, Seelenruhe
233

X
Der Weise
247

Epilog
259

Erklärendes Verzeichnis der Eigennamen
261

Zeittafel
265

Die erhaltenen Schriften Senecas
267

Literaturhinweise
269

Einen Abriß der Philosophie, den du dir wünschst, sorgfältig geordnet und in gedrängter Form, werde ich zusammenstellen. Doch denke einmal darüber nach, ob nicht die normale[, ausführliche] Darbietung von größerem Nutzen für dich wäre als dieser heute allgemein ›Brevier‹ genannte Auszug ... Der Lernende braucht mehr die breite Darstellung, der Kenner den Auszug: Jene nämlich belehrt, dieser weckt die Erinnerung. Doch ich werde dir beides ermöglichen ... Das von dir gewünschte Werk werde ich also verfassen, aber auf meine Art.

Epistulae ad Lucilium 39,1 f.

Vorwort

Senecas Leben

Im Jahre 65 n. Chr. schickte Kaiser Nero einen Boten zu Seneca, seinem früheren Erzieher und politischen Berater: Seneca sei, da er von der Pisonischen Verschwörung gewußt habe, zum Tode verurteilt. Die Wahl der Todesart stehe ihm frei. Dies war eine deutliche Aufforderung zum Selbstmord, und Tacitus (*Annales* 15,62–64) berichtet:

Unerschrocken verlangte Seneca sein Testament. Und als der Centurio ihm das abschlug, wandte er sich an seine Freunde und sagte: Da er daran gehindert werde, ihnen seinen Dank für ihre Verdienste abzustatten, hinterlasse er ihnen das einzige, aber auch das Schönste, was er noch habe: das Bild seines Lebens ... Zugleich versuchte er, ihren Tränen Einhalt zu gebieten, indem er bald mit ihnen plauderte und sie bald eindringlicher in tadelndem Ton zur Festigkeit ermahnte. Wiederholt fragte er sie, was denn aus den Lehren der Philosophie geworden sei, was aus der jahrelang geübten Vorbereitung auf drohende Gefahren. Wem sei denn Neros Grausamkeit nicht bekannt gewesen? Nach der Ermordung der Mutter und des Bruders bleibe ihm ja nichts mehr, als auch noch den Tod des Erziehers und Lehrers folgen zu lassen.

Als Seneca sich von seiner Frau verabschieden will, besteht Paulina darauf, mit ihm in den Tod zu gehen (auf Befehl Neros wird sie allerdings gerettet werden und ihren Mann einige Jahre überleben), und Tacitus fährt fort:

Danach zerschnitten sich beide gleichzeitig die Pulsadern. Doch weil der greisenhafte und durch die karge Lebensweise geschwächte Körper das Blut zu langsam fließen ließ, öffnete sich Seneca auch noch die Adern an den Beinen und Kniekehlen. Und von den furchtbaren Schmerzen geschwächt, gab er seiner Frau, um ihr nicht durch seine Pein den Mut zu nehmen und seinerseits nicht durch den Anblick ihrer Qualen seine Standhaftigkeit zu verlieren, den Rat, in ein anderes Zimmer zu gehen. Und da ihn auch bis zum letzten Augenblick seine Beredsamkeit nicht verließ, diktierte er den herbeigerufenen Schreibern noch sehr vieles, was ich, da es wortgetreu veröffentlicht wurde, nicht auf meine Weise umzuformen brauche ...

Mittlerweile bat Seneca, da sich das Sterben endlos lange hinzog, Statius Annaeus, seinen lang erprobten treuen Freund und Arzt, um das schon lange vorbereitete Gift, mit dem in Athen die vom Volksgericht Verurteilten hingerichtet wurden; er nahm es und trank es, doch ohne Erfolg, denn seine Glieder waren schon erkaltet und für die Wirkung des Giftes nicht mehr empfänglich. Schließlich stieg er in eine Wanne mit heißem Wasser und besprengte die ihm nächststehenden Sklaven, indem er sagte, er weihe dieses Naß Iupiter, dem Befreier. Anschließend wurde er in ein Dampfbad getragen, wo er in der heißen Luft erstickte. Daraufhin wurde er ohne jede Leichenfeier verbrannt. So hatte er es in seinem Testament schon zu der Zeit verfügt, da er als einer der reichsten und mächtigsten Männer für sein Lebensende vorsorgte.

L. Annaeus Seneca, der seinen Tod nach dem Vorbild des Sokrates bewußt gestaltete, aber viel qualvoller umkommen mußte, hatte sich sein Leben lang – fast sehnsüchtig – auf das Sterben vorbereitet. Der letzte Moment sollte der Prüfstein dafür sein, ob seine philosophischen Lehren der Wirklichkeit des Todes standhielten und ob

Peter Paul Rubens: Der sterbende Seneca

er die geforderte Übereinstimmung von Wort und Tat würde leisten können: »Wie weit ich es wirklich gebracht habe, werde ich erst dem Tode glauben. Ohne Furcht richte ich mich daher auf jenen Tag ein, an dem ich ohne Tricks und Schönfärberei das Urteil über mich fällen werde: ob ich nur tapfer rede oder auch so fühle, ob es Heuchelei und Theater war, was ich an trotzigen Worten dem Schicksal entgegengeschleudert habe« (*Epistulae ad Lucilium* 26,5).

Der Mann, der so furchtlos und gefaßt aus dem Leben schied, wie er es in seinen Schriften immer wieder verlangt hatte, war um das Jahr 4 v. Chr. im spanischen Corduba auf die Welt gekommen. Über seinen Vater, den römischen Ritter L. (?) Annaeus Seneca, den die Literaturgeschichte als Verfasser rhetorischer Schriften kennt, und seine Mutter Helvia äußert er sich mit liebevoller Ehrerbietung.

Schon früh kommt er nach Rom und erhält dort die standesgemäße Ausbildung der frühen Kaiserzeit. Großen Einfluß üben vor allem seine philosophischen Lehrer auf ihn aus: Sotion aus der römischen Philosophenschule der Sextier, die stoische und pythagoreische Gedanken vertritt, und der Stoiker Attalus wecken in ihm den Wunsch nach einer asketischen Lebensführung; von Papirius Fabianus erhält er den Impuls, sich mit der Naturwissenschaft zu beschäftigen.

Seneca entscheidet sich für die Staatslaufbahn und betreibt rhetorische (und literarische) Studien. Doch eine schwere Krankheit, vielleicht eine Tuberkulose, macht zunächst einen längeren Aufenthalt in Ägypten notwendig, so daß er erst spät – nach 31 n. Chr. – mit der Quaestur die Ämterlaufbahn beginnt. Gleichzeitig arbeitet er als Anwalt. Als gefeierter Redner zieht er sich den Haß des Kaisers Caligula zu und entgeht nur knapp einer Hinrichtung.

Im Jahre 41 wird er – Messalina, die Frau des neuen Kaisers, intrigiert sofort gegen ihr unliebsame Personen – wegen angeblichen Ehebruchs mit der Germanicus-Tochter Iulia Livilla zum Tode verurteilt, doch Claudius wandelt die Strafe in eine Verbannung um. Acht Jahre lebt Seneca, der seine Schuld bestreitet, auf Korsika im Exil. Wie gefaßt er diese schwere Zeit ertrug, stellt seine *Consolatio ad Helviam matrem* (*Trostschrift für die Mutter Helvia*) eindrucksvoll unter Beweis. In der *Consolatio ad Polybium* (*Trostschrift für Polybius*), einem Günstling des Claudius, beschwört er mit heute befremdlichen Ergebenheitsbekundungen vergeblich die Milde des Princeps. Erst auf Betreiben Agrippinas, die ihren zwölfjährigen Sohn Nero für die Thronnachfolge vorbereiten will, wird Seneca zurückgerufen und mit der Erziehung des jungen Prinzen betraut.

Nach Claudius' Tod und Neros Thronbesteigung beginnt für das Römische Reich zunächst eine gute Zeit. In seiner Antrittsrede hatte der Kaiser, ganz im Sinne seines Lehrers, versprochen, nach dem Vorbild des Augustus den Senat zu stärken. In dem Nero gewidmeten Fürstenspiegel *De clementia* (*Über die Milde*) entfaltet Seneca die augusteische Principatsideologie und verbindet sie mit dem Postulat der Milde.

Zwischen 54 und 62 steht Seneca auf dem Gipfel seiner politischen Karriere. Zusammen mit dem Gardepräfekten Afranius Burrus berät er den Herrscher in außen- und innenpolitischen Fragen. Wieviel Macht und Einfluß er wirklich besaß, ist nicht mehr auszumachen. Gesichert scheint aber, daß er »niemandem geschadet, niemanden aus dem Weg geräumt« (Gregor Maurach,

Die Gültigkeit von Senecas Kerngedanken, S. 61) hat – am Hofe Neros keine Selbstverständlichkeit.

Die Vorwürfe, die im Suillius-Prozeß (58) gegen Seneca erhoben werden – unsittlicher Lebenswandel, Bereicherung, Opportunismus, Heuchelei –, mögen teils zutreffen, teils erfunden sein, doch vermutlich beeinträchtigen sie bereits sein »Image«. Ein Jahr später, nach Neros Muttermord, zeigt sich deutlich der immer stärker werdende negative Einfluß, den Neros Frau Poppaea Sabina und der Günstling Tigellinus auf den Kaiser ausüben, und Seneca muß, schon vorher zu vielen Kompromissen gezwungen, endgültig erkennen, daß seine Erziehung gescheitert ist. Nach Burrus' Tod im Jahre 62 zieht er sich aus der Politik zurück und widmet sich bis zu seinem Ende ganz seinem schriftstellerischen Werk. Die *Naturales quaestiones* (*Naturwissenschaftliche Fragen*) und die *Epistulae ad Lucilium* (*Briefe an Lucilius*) gehören in diese Epoche.

Senecas philosophisches Werk

Von den meisten römischen Schriftstellern unterscheidet sich Seneca dadurch, daß er sowohl Prosa als auch Verse verfaßte. Während von der Poesie nur die Tragödien überliefert sind (sie sind gewissermaßen das Negativ zu den ethischen Schriften und zeigen das Unglück der Menschen, die ihren Leidenschaften unterliegen), verzeichnet das erhaltene Prosawerk gleich mehrere Gattungen. Moralphilosophische Traktate über Einzelfragen, im Diatribenstil verfaßt, sind – neben *De ira* (*Über den Zorn*) – die zehn unter dem Titel *Dialogi* vereinten Abhandlungen, von denen jedoch nur *De tranquillitate animi* (*Über die Gemütsruhe*) ein echter Dialog ist. *De beneficiis* (*Über die Wohltaten*) rechnet zur philosophischen Fachliteratur, *De clementia* (*Über die Milde*) stellt eine Art Fürstenspiegel dar, in den *Naturales quaestiones* (*Naturwissenschaftliche Fragen*) werden physikalische Phänomene behandelt (und oft ethisch interpretiert), und die *Epistulae ad Lucilium* (*Briefe an Lucilius*) sind Beispiele für den philosophischen Lehrbrief. Auch die drei Trostschriften für seine Mutter Helvia, Polybius und Marcia gehören einer eigenen Gattung an.

Trotz der formalen Vielfalt ist der gedankliche Gehalt dieser Texte völlig einheitlich: Immer geht es um eine Therapie des Menschen im Sinne der stoischen Philosophie. Lediglich die sarkastische *Apocolocyntosis* (*Verkürbissung*), eine menippeische Satire auf den Kaiser Claudius, in der Prosa und Verseinlagen einander abwechseln, macht davon – gattungsbedingt – eine Ausnahme.

Von den drei Teildisziplinen der Philosophie – Physik, Ethik, Logik – interessiert sich Seneca fast nur für die ersten beiden.

Während die Physik die Gesetze der Natur und der Welt als ganzer erforscht – durchschaut man die wunderbare Ordnung des Kosmos, erkennt man zugleich die Gottheit: sie ist die alles durchdringende Vernunft, die *ratio* –, geht es in der Ethik, dem Hauptanliegen Senecas, um Fragen der praktischen Lebensführung. Nach stoischer Auffassung ist es die Aufgabe des Menschen, »im Einklang mit der Natur« (*secundum naturam*) zu leben, d. h. sowohl im Einklang mit der kosmischen als auch mit seiner genuin menschlichen. Er erreicht dies, wenn er die Wahrheit »über Göttliches und Menschliches« herausgefunden hat und sein Leben danach gestaltet. Er weiß, daß die Welt von der göttlichen Vorsehung gelenkt wird, akzeptiert das Schicksal und stellt sich den Anforderungen des Lebens. Er verwirklicht seine menschliche Natur, indem er das spezifische Gut des Menschen, seine Vernunft, einen Funken der göttlichen All-Vernunft, vervollkommnet. Diese lehrt ihn, den wahren Wert der Dinge und das sittlich Gute als das einzige Gut zu erkennen. Alle üblichen Freuden und Leiden des Daseins, einschließlich des Todes, sind gleichgültig (Adiaphora). Das einzige und absolute Gut ist geistiger Natur und gleichbedeutend mit der *virtus*, der sittlichen Vollkommenheit. Sie ist erreicht, wenn der Mensch seine Affekte, Leidenschaften und Ängste völlig besiegt hat und seine Seelenruhe durch nichts mehr erschüttert werden kann (Apathie). Dann ist der Mensch im doppelten Sinne frei (autark): frei von seinem Körper und von der Umwelt, frei für die Schau des Ewigen. Jetzt ist er wirklich weise – und glücklich. Der Weg dorthin führt über das Bemühen um die Weisheit, die Philosophie. Und das heißt auch: Der Mensch ist autonom, er ist für sein Glück oder Unglück selbst verantwortlich.

In den ethischen Schriften geht es Seneca nicht um eine Fortentwicklung des philosophischen Denkens – dazu hat er, ebensowenig wie Cicero, nichts beigetragen –, nicht um eine systematische Darstellung der stoischen Philosophie oder auch nur um eine Verbreitung der Lehre – die wird als gültig und bekannt vorausgesetzt –, sondern er bemüht sich darum, seinen Gesprächspartnern und -partnerinnen (er richtet sich immer an ein »Du« und bringt sich selbst als echte Person ein) qua vernünftiger Einsicht bei der Suche nach dem rechten Weg zu helfen. Daß das Idealbild des vollkommenen Weisen, das er von seinen Vorgängern übernimmt, nur äußerst selten erreicht wird, räumt er selbst ein. Doch schon mit einer stufenweisen Annäherung sei viel gewonnen.

Eine umfassende Geschichte der Seneca-Rezeption ist noch nicht geschrieben, und so sei auch hier nur festgehalten, daß der Autor – natürlich mit unterschiedlichen Schwerpunkten – in allen Epochen der europäischen Geistesgeschichte, angefangen von der Antike und Spätantike (im 4. Jahrhundert erfand man, da er lange als »heimlicher Christ« galt, sogar einen Briefwechsel zwischen ihm und dem Apostel Paulus), präsent war und erheblichen Einfluß auf die Literatur – stellvertretend seien nur der französische Moralist Michel de Montaigne und die Tragödie des 16. und 17. Jahrhunderts genannt – ausgeübt hat.

Vor allem das 19. Jahrhundert hatte jedoch für Seneca nicht viel übrig. Goethe z. B. kritisiert den moralischen Rhetoriker: »Unleidlich wird er aber, ja lächerlich, wenn er oft, und gewöhnlich zur Unzeit, gegen den Luxus und die verderbten Sitten der Römer loszieht. Man sieht diesen Stellen ganz deutlich an, daß die Redekunst aus dem Leben sich in die Schulen und Hörsäle zurückgezogen hat: denn in solchen Fällen finden wir meist bei ihm, wo nicht leere, doch unnütze Deklamationen« (Johann Wolfgang Goethe, *Materialien zur Geschichte der Farbenlehre*; *Goethes Werke. Hamburger Ausgabe in 14 Bänden*, hrsg. von Erich Trunz [u. a.], Bd. 14, Hamburg 1960, S. 45). Und ähnlich Nietzsche (Friedrich Nietzsche, *Die fröhliche Wissenschaft*; *Sämtliche Werke. Kritische Studienausgabe in 15 Bänden*, hrsg. von Giorgio Colli und Mazzino Montinari, München 1980, Bd. 3, S. 360 f.):

Seneca et hoc genus omne.
Das schreibt und schreibt sein unausstehlich weises Larifari,
Als gält es primum scribere,
Deinde philosophari.

Daneben nimmt man Anstoß an der Person und nimmt dabei die Kritikpunkte auf, die bereits im Suillius-Prozeß zur Sprache kamen: Senecas Leben habe in krassem Widerspruch zu seiner Lehre gestanden, während doch er selbst gerade die Übereinstimmung von Wort und Tat gefordert habe. »Solange er am höfischen und politischen Leben teilnahm, hat er auch die Moral, nicht nur die stoische, an den Nagel gehängt oder doch nur mit den Lippen bekannt« (Ulrich von Wilamowitz-Moellendorff, *Der Glaube der Hellenen*, Darmstadt ²1955, Bd. 2, S. 439).

Es ist müßig, über Fragen des literarischen Geschmacks oder mögliche charakterliche Defekte Senecas zu streiten. Das Œuvre hat überlebt und, auf paradoxe Weise, seine Attraktivität bewahrt:

Der Stoizismus, das heißt die für den modernen Menschen unglaubwürdigste Philosophie (ein intellektualistischer, optimistischer Naturalismus, überzeugt von der Einheit des Ichs), erregt die Sehnsucht und Begeisterung eben dieses modernen Menschen, und zwar dank eines entscheidenden Punktes: seiner Lehre vom Ich als tätigem Subjekt, ohne Gott (denn der Gott der Stoa ist nach dem Bild des Menschen geformt) und ohne Herrn ... Wo die Stoa Fülle und glücklichen Ausgang des menschlichen In-der-Welt-Seins hervorhob, sehen wir die Leere und die Monotonie der immer gleichen Kartenverteilung im menschlichen Spiel. Das Paradoxe besteht darin, daß ein einziger Punkt der stoischen Lehre – die Autonomie des Ichs und dessen Möglichkeit, an sich selbst zu arbeiten – für uns zur Methode des Überlebens wird, wenn auch alles andere, was die

Stoa als existent gesetzt hatte: Natur, Gott, Einheit des Ichs, verschwunden ist.

Der Stoizismus ist für uns im biologischen Sinne des Wortes ein »Immunsystem«. Der einzelne hat keine andere Stütze als sich selbst, um sich gegen die Welt zu wappnen, die (anders als die optimistisch verstandene Welt der Stoa) nicht für ihn gemacht ist. Es bleibt ihm nur der Gedanke oder der Glaube, daß, trotz Freud, die Verleugnung keine Illusion ist und daß man nur sagen muß, »für mich existiert das Unglück nicht«, damit es wirklich nicht existiere.

(Paul Veyne, *Weisheit und Altruismus*, S. 12 f.)

Zum Brevier

Bei der Auswahl der Texte habe ich mich bemüht, die zentralen Ideen der stoischen Philosophie, wie Seneca sie vertritt, deutlich zu machen und ebenso die Fülle und Vielfalt der Themen Senecas aufscheinen zu lassen. Widersprüche sind bewußt hingenommen, zeigen sie doch, daß der Autor, wie er wiederholt betont, selbst auch noch ein Suchender ist. Verblüfft wird man die Aktualität vieler Probleme registrieren: Offenbar gibt es existentielle Fragen, von denen die Menschen stets von neuem beunruhigt werden und auf die es keine allgemein verbindlichen Antworten gibt. Man mag Senecas Lösungsvorschläge verwerfen, sich über sie ärgern oder amüsieren, man mag sie billigen – bedenkenswert sind sie allemal.

Um dem Eindruck vorzubeugen, das Werk sei eine Sammlung kerniger Sinnsprüche, habe ich auch etliche längere Zitate ausgewählt, damit wenigstens ansatzweise die Argumentationstechnik und sprachliche Einkleidung von Senecas »Seelenlenkung« sichtbar wird. Unser Autor ist ja nicht nur Philosoph, sondern stets auch Literat, der – entgegen anderslautenden Selbstaussagen – der sprachlichen Form höchste Aufmerksamkeit widmet, ja sich an seinen Formulierungskünsten mitunter fast zu berauschen scheint. Jedenfalls dürften viele gedankliche Wiederholungen, die zwar auch pädagogische Absichten verfolgen, darauf zurückzuführen sein, daß der Autor zeigen möchte, wie souverän er die Klaviatur der Sprachgestaltung beherrscht.

Leider geht in der Übersetzung viel von Senecas Stileigentümlichkeiten verloren: Wollte man seine stakkatohaften Sätze, seine Manierismen in der Wortwahl und -stellung und sein rhetorisches Feuerwerk möglichst wortgetreu wiedergeben, würde die Übertragung unlesbar, wenn nicht gar komisch. Beides würde der Wirkung des Originaltextes nicht gerecht.

I

Aufforderung zur Philosophie

Dir ist völlig klar – ich weiß es wohl, mein Lucilius –, daß niemand ohne das Studium der Philosophie glücklich leben kann, ja nicht einmal erträglich, und daß ein solch glückliches Leben erst durch vollkommene Weisheit zu erreichen ist, ein erträgliches jedoch auch schon auf dem Weg dorthin.

Epistulae ad Lucilium 16,1

Ich arbeite für die Nachwelt. Für sie schreibe ich einiges auf, was ihr zugute kommen kann; heilsame Ermahnungen, gleichsam die Rezepte nützlicher Medikamente, bringe ich zu Papier, da ich ihre Wirksamkeit gegen meine Geschwüre erfahren habe, die sich, wenn sie auch noch nicht ausgeheilt sind, doch nicht mehr weiter ausbreiten. Den rechten Weg, den ich erst spät und vom Umherirren erschöpft erkannt habe, weise ich jetzt anderen.

Epistulae ad Lucilium 8,2 f.

»Niemand«, sagt Epikur, »geht anders aus dem Leben, als er geboren ist.« Das ist falsch: Wir sind bei unserem Tod schlechter als bei unserer Geburt. Die Schuld liegt bei uns, nicht bei der Natur. Sie hat Grund, über uns zu klagen und zu sagen: »Was soll das nur? Ohne Leidenschaften habe ich euch geschaffen, ohne Ängste, ohne Aberglauben, ohne Unredlichkeit und sonstige Verderbnisse: Verlaßt das Leben so, wie ihr in es eingetreten seid.« Der ist im Besitz der Weisheit, der so sorglos stirbt, wie er geboren wird.

Epistulae ad Lucilium 22,15 f.

»Die Gesundung beginnt mit dem Erkennen des Fehlverhaltens.« Ein meines Erachtens hervorragender Ausspruch Epikurs; denn wer von seinen Vergehen nichts weiß, will sich nicht bessern lassen; bevor du ein besserer Mensch werden kannst, mußt du dich durchschauen ... Bezichtige dich daher nach Kräften selbst, verhöre dich; übernimm zuerst die Rolle des Anklägers, dann die des Richters, zuletzt die des Verteidigers; und manchmal geh hart mit dir ins Gericht.

Epistulae ad Lucilium 28,9 f.

Wir wollen also aufwachen, um unsere Fehler aufdecken zu können. Doch nur die Philosophie wird uns aufwecken, nur sie wird den bleiernen Schlaf vertreiben: Widme dich ihr mit ganzer Seele. Du bist ihrer, sie ist

Seneca
Zeitgenössisches Porträt auf einer Doppelherme

deiner würdig ... Verweigere dich allem anderen, entschieden und offen; du hast keinen Grund, nur für eine begrenzte Zeit zu philosophieren ... Beseitige alle Hindernisse und nimm dir für deine Vervollkommnung Zeit: Niemand ist ihrer fähig, wenn er mit anderem beschäftigt ist. Die Philosophie macht ihr Herrschaftsrecht geltend; sie gibt Zeit, sie läßt sie sich nicht geben; sie ist keine Nebensache: Hauptsache ist sie und Herrin, sie ist zur Stelle und befiehlt ... All dein Sinnen richte auf sie, bei ihr laß dich nieder, verehre sie: Ein riesiger Abstand wird sich zwischen dir und den anderen auftun; allen Sterblichen wirst du weit überlegen sein, die Götter dir nur wenig.

Epistulae ad Lucilium 53,8–11

Wer kann, mein Lucilius, daran zweifeln: Es ist ein Geschenk der unsterblichen Götter, daß wir leben, aber das der Philosophie, daß wir ehrbar leben. Daß wir dieser daher mehr schulden als den Göttern, insofern als ein ehrbares Leben eine größere Wohltat ist als das Leben als solches, wäre eine ausgemachte Sache, wenn die Götter uns nicht den Weg zu eben der Philosophie gewiesen hätten; deren Kenntnis haben sie niemandem mitgegeben, doch die Fähigkeit allen. Denn hätten sie auch die Philosophie zu einem Allgemeingut gemacht und würden wir bereits einsichtig geboren, hätte die Weisheit ihren größten Vorzug verloren, nämlich nicht zu den Zufallsgaben zu gehören. Nun freilich ist gerade dies an ihr so kostbar und herrlich, daß sie einem nicht einfach zufällt, sondern daß jeder sie nur sich selbst verdankt, daß sie nicht von einem anderen erbeten werden kann. Warum solltest du zur Philosophie aufblicken, wenn sie eine Sache der Gefälligkeit wäre? Ihre einzige Aufgabe besteht darin, die Wahrheit über die göttlichen und menschlichen Dinge herauszufinden; von ihrer Seite weichen niemals Frömmigkeit, Pflichtgefühl, Gerechtigkeit und das ganze andere Gefolge der damit verbundenen und miteinander zusammenhängenden Tugenden. Sie hat uns gelehrt, das Göttliche zu verehren, das Menschliche zu lieben, und gezeigt, daß die Götter herrschen und die Menschen gemeinschaftlich verbunden sind.

Epistulae ad Lucilium 90,1–3

Du willst wissen, was die Philosophie den Menschen verspricht? Guten Rat. Den einen ruft der Tod, einen anderen plagt die Armut, wieder einen anderen quält der Reichtum, eigener oder fremder; jener fürchtet sich vor Unglück, dieser will seinem Glück ausweichen; diesen behandeln die Menschen schlecht, jenen die Götter ... Sag ihnen, was von Natur aus notwendig ist, was überflüssig, welch leichte Gesetze die Natur gegeben hat, wie angenehm das Leben ist, wie problemlos für die, welche diesen Gesetzen folgen, doch wie hart und schwierig für diejenigen, die mehr auf die allgemeine Meinung als auf die Natur vertrauen ... Denn das ist es, was mir die Philosophie verspricht: Sie will mich der Gottheit gleichstellen.

Epistulae ad Lucilium 48,7–11

Die Philosophie ist keine Kunstfertigkeit, die man dem Volk präsentiert oder die sich überhaupt zum Vorzeigen eignet; sie beruht nicht auf Worten, sondern auf Taten.

Auch wendet man sich ihr nicht zu, um mit angenehmer Unterhaltung den Tag zu verbringen, um die Freizeit vom Makel der Langeweile zu befreien. Sie formt und bildet den Geist, sie ordnet das Leben, bestimmt unsere Handlungen; sie zeigt, was zu tun und zu lassen ist, sie sitzt am Steuerruder und lenkt durch gefährliche Strömungen unsere Fahrt. Ohne sie kann niemand furchtlos leben, niemand sorgenfrei. Unzählige Dinge ereignen sich Stunde für Stunde, die Rat erfordern, den man sich bei ihr holen muß. Es wird jetzt jemand sagen: »Was nützt mir die Philosophie, wenn es ein unentrinnbares Schicksal gibt? Was nützt sie, wenn die Gottheit alles lenkt? Was nützt sie, wenn der Zufall herrscht? Denn was mit Sicherheit festliegt, läßt sich nicht ändern, und gegen Unvorhersehbares lassen sich keine Vorbereitungen treffen. Entweder hat der Gott meine Entscheidung vorbestimmt und beschlossen, was ich zu tun habe, oder das launische Schicksal gibt meiner Entscheidung keinen Freiraum.«

Was von dem auch zutrifft, mein Lucilius, oder träfe auch alles zu: Man muß philosophieren. Sei es, daß uns das Schicksal durch sein unerbittliches Gesetz bindet, sei es, daß der Gott als Richter über das Universum alles festgelegt hat, sei es, daß der Zufall die menschlichen Geschicke planlos antreibt und durcheinanderwirft: Die Philosophie muß uns schützen. Sie wird uns mahnen, der Gottheit gern zu gehorchen und uns den Schicksalslaunen trotzig zu fügen. Sie wird uns lehren, dem Gott zu folgen und das Spiel des Zufalls zu ertragen.

Epistulae ad Lucilium 16,3–5

Die Philosophie muß uns umgeben, eine uneinnehmbare Mauer, welche das Schicksal mit all seiner List und Tücke nicht überwinden kann. Auf uneinnehmbarem Posten steht die Seele, welche sich von den äußeren Dingen losgesagt hat und sich in ihrer Burg verschanzt; kein Geschoß trifft sie. Das Schicksal hat, anders als wir meinen, keine langen Arme: Es packt nur den, der sich an es klammert. Laßt uns daher so weit von ihm zurückspringen, wie wir können; das wird uns nur gelingen, wenn wir uns selbst und die Natur richtig kennen. Wissen muß man, wohin es geht, woher man kommt, was für einen gut ist, was schlecht, was man erstreben, was man vermeiden soll; Bescheid wissen muß man über jene Vernunft, die zwischen dem, was man wünschen soll, und dem, worauf man verzichten muß, unterscheidet, die rasende Leidenschaften besänftigt und panische Ängste beruhigt ... Zu dieser Festigkeit des Herzens aber kann nur ständige Übung verhelfen: Wenn du nicht darauf aus bist, schöne Worte zu machen, sondern deine Seele stärkst, wenn du dich auf den Tod vorbereitest.

Epistulae ad Lucilium 82,5–8

Sei davon überzeugt, daß diejenigen ihren wahren Pflichten nachkommen, die täglich mit Zenon, Pythagoras, Demokrit und den anderen Koryphäen der Wissenschaften, mit Aristoteles und Theophrast einen möglichst vertrauten Umgang pflegen wollen. Jeder von diesen wird Zeit haben, jeder wird den, der zu ihm kommt, glücklicher und als einen noch besseren Freund von sich wieder entlassen, keiner wird dulden, daß jemand mit leeren Händen von ihm geht. Bei Tag und bei Nacht können sie von allen Menschen aufgesucht werden.

Keiner von diesen wird dich zwingen zu sterben, doch alle werden es dich lehren; keiner von ihnen wird dich um deine Jahre bringen, sondern dir seine eigenen schenken; mit allen kannst du dich gefahrlos unterhalten, mit allen befreundet sein, ohne daß es dich den Kopf kostet, ihnen Aufmerksamkeiten zu bezeugen verursacht keine hohen Kosten. Bekommen wirst du von ihnen, was du auch willst; an ihnen wird es nicht liegen, wenn du nicht so viel, wie du fassen kannst, mit dir nimmst. Welch Glück, welch schönes Alter wartet auf den, der sich ihrem Schutz unterstellt hat. Er wird Menschen haben, mit denen er über die unbedeutendsten und die wichtigsten Fragen nachdenken, die er täglich über sich um Rat fragen kann, von denen er die Wahrheit ohne Demütigung hört, ohne Schmeichelei gelobt wird und nach deren Vorbild er sich entwickeln kann.

Wir pflegen zu sagen, die Wahl unserer Eltern habe nicht in unserer Macht gestanden, der Zufall habe sie uns gegeben; doch wir haben die Möglichkeit, unser Leben nach unserem Gutdünken einzurichten. Es gibt Familien mit vornehmsten Geistesgrößen: Du kannst wählen, in welche du aufgenommen werden willst; nicht nur den Namen wirst du erhalten, sondern eben auch die Güter, über die man nicht mit schmutzigem Geiz wachen muß. Sie wachsen, je mehr Menschen du sie zukommen läßt. Diese Männer werden dir den Weg in die Ewigkeit weisen und dich zu einer Höhe heben, von der niemand herabgeworfen werden kann. Dies ist die einzige Möglichkeit, die Grenzen der Sterblichkeit auszudehnen, ja, sie sogar in Unsterblichkeit zu verwandeln.

De brevitate vitae 14,5–15,5

Daher will ich dir, wenn du einverstanden bist, zunächst den Unterschied zwischen der Weisheit und der Philosophie beschreiben. Weisheit ist das vollkommene Gut des menschlichen Geistes; Philosophie ist die Liebe zur Weisheit und das Bemühen um sie; sie strebt nach dem Ziel, das diese schon erreicht hat ...

Freilich ist weder die Philosophie ohne Tugend möglich noch die Tugend ohne die Philosophie. Philosophie ist das Streben nach Tugend, aber eben mit Hilfe der Tugend.

Epistulae ad Lucilium 89,4–8

Was ist Weisheit? Immer dasselbe wollen und dasselbe nicht wollen. Jene kleine Einschränkung brauchst du eigentlich nicht hinzuzufügen, daß das, was du willst, recht sein muß; denn es kann einer ja nur dann immer an demselben Gefallen finden, wenn es das Rechte ist.

Epistulae ad Lucilium 20,5

Weisheit ist die perfekte bzw. zum höchsten Gipfel der Vollendung geführte Geistes- und Seelenverfassung; sie ist nämlich die Kunst des Lebens.

Epistulae ad Lucilium 117,12

Daß die Philosophie drei Teile habe, erklärten die bedeutendsten und die Mehrzahl der Autoren: Ethik, Physik und Logik. Der erste Teil formt Seele und Charakter, der zweite erforscht die Natur, der dritte untersucht die

Eigenheiten der Wörter, den Satzbau und die Beweisführungen, damit sich anstelle des Wahren keine Irrtümer einschleichen ...

Da also die Philosophie dreigeteilt ist, wollen wir zunächst mit der Gliederung der Ethik beginnen. Man hielt es für richtig, sie wiederum in drei Teile zu untergliedern. Der erste Teil prüft, was einem jeden als das Seine zukommt, und beurteilt den Wert aller Dinge – eine höchst nützliche Lehre, denn was wäre nötiger als solche Wertbestimmungen? Der zweite Teil handelt vom Trieb und von den Handlungen der dritte.

Als erstes muß man freilich über alles ein Werturteil fällen, als zweites dem Verlangen Maß und Ziel setzen, als drittes müssen Verlangen und Handeln übereinstimmen, damit man bei alledem mit sich selbst in Einklang steht. Fällt eine der drei Stufen aus, treten auch bei den anderen Störungen auf. Denn was nützt es einem, alles gegeneinander abgewogen zu haben, wenn das Verlangen zu stark ist? Was bringt es, seine Triebe zurückzudrängen und seine Leidenschaften in der Gewalt zu haben, wenn man gerade beim Handeln die passenden Gelegenheiten versäumt und nicht weiß, wann, wo und wie alles getan werden muß? Eine Sache nämlich ist es, Bedeutung und Wert der Dinge zu kennen, eine andere, den rechten Zeitpunkt, und wieder eine andere, seine Triebe zu zügeln und zur Tat zu schreiten, nicht zu stürzen.

Erst dann also ist das Leben in sich stimmig, wenn die Handlung dem Handlungsimpuls entspricht, dieser Impuls der Bedeutung des jeweiligen Gegenstandes entspringt, also ruhig oder eher heftig ist, ganz wie das erstrebte Ziel es verdient.

Epistulae ad Lucilium 89,9–15

Wir brauchen nur zu wollen, dann kann es hell werden. Nur auf eine einzige Weise ist dies möglich: wenn man sich Kenntnis der menschlichen und göttlichen Dinge erwirbt, wenn dies Wissen nicht an der Oberfläche bleibt, sondern den Menschen ganz durchdringt, wenn es immer wieder überprüft und auf die eigene Person bezogen wird, wenn man untersucht, was Güter sind, was Übel, was zu Unrecht so genannt wird; wenn man danach fragt, was ehrbar, was schimpflich, was die Vorsehung ist. Doch der Scharfsinn des menschlichen Geistes macht dabei nicht halt: Er möchte auch über die Grenzen der Welt hinausblicken und erfahren, wohin sie treibt, woher sie kommt, auf welches Ende die Dinge mit so großer Geschwindigkeit zueilen.

Epistulae ad Lucilium 110,8 f.

II

Welt und Natur

Wer die Natur erforscht, bekommt von der Wahrheit nie genug. Nur Falsches wird man bald satt haben. Und naht und ruft der Tod, mag er auch zu früh erscheinen, mag er auch den Lebensfaden in der Mitte zerschneiden, die Früchte des Lebens sind geerntet, als hätten wir endlos gelebt.
                              Epistulae ad Lucilium 78,26 f.

Nach Aussage unserer Stoiker wirken, wie du weißt, in der Natur zwei Prinzipien, die für alles verantwortlich sind, Ursache und Materie. Die Materie liegt träge da, zu allem bereit, aber untätig, wenn niemand sie in Bewegung setzt. Die Ursache dagegen, d. h. die Vernunft, formt die Materie, wandelt sie nach Belieben und schafft aus ihr eine Vielzahl von Erscheinungen. Demnach muß es etwas geben, woraus etwas entsteht, dann eine Kraft, durch die dies geschieht: Letzteres ist die Ursache, ersteres die Materie ...

Wir suchen jetzt nach der ersten Generalursache. Sie muß einfach sein, denn auch die Materie ist einfacher Natur. Unsere Frage lautet: Was ist die Ursache? Natürlich die wirkende Vernunft, d. h. Gott ...

Das Universum nun besteht aus der Materie und der Gottheit. Der Gott regiert das um ihn ausgebreitete All, das ihm als Herrscher und Führer folgt. Das wirkende Prinzip, also Gott, ist mächtiger und wertvoller als die Materie, die sich Gott fügt. Die Stelle, die in dieser Welt Gott einnimmt, hat im Menschen der Geist inne. Was dort die Materie ist, ist bei uns der Körper. Das Minderwertigere soll folglich dem Höheren dienen.

Epistulae ad Lucilium 65,2–24

Die Natur wollte, daß uns, wenn wir zum Himmel aufblicken, all ihre herrlichen und wunderbaren Werke sichtbar werden: der Auf- und Untergang und das Kreisen des eilenden Alls, das uns am Tag die irdische, nachts die himmlische Welt eröffnet; die Bewegungen der Gestirne, langsam im Vergleich zum Ganzen, doch überaus schnell, bedenkt man, welch weite Räume sie mit steter Geschwindigkeit durchziehen; die Verfinsterungen der Sonne und des Mondes, wenn sie sich gegenseitig verdecken; dann noch andere bewundernswerte Erscheinungen, mögen sie einer festen Ordnung folgen oder unerwartet auftreten, wie nächtliche Feuerstreifen oder Wetterleuchten ohne Blitz und Donner, wenn der Himmel sich auftut, und Säulen, Balken und mancherlei Flammenbilder.

Epistulae ad Lucilium 94,56

Es gibt vier Arten natürlicher Wesen: Baum, Tier, Mensch und Gott. Die beiden, welche Vernunft besitzen, haben dasselbe Wesen, unterscheiden sich jedoch dadurch, daß das eine sterblich, das andere unsterblich ist. Bei einem von ihnen bringt die Natur ein vollendetes Gutes hervor, nämlich bei der Gottheit, beim anderen, dem Menschen, ist das persönliche Bemühen ausschlaggebend. Die übrigen Lebewesen, denen die Vernunft fehlt, sind bloß in ihrer spezifischen Art, nicht aber wirklich vollendet. Denn vollkommen ist erst das Geschöpf, das im Hinblick auf die gesamte Natur vollkommen ist, die Natur als Ganzes besitzt aber Vernunft. Das übrige kann nur in der ihm eigenen Art vollendet sein.

Epistulae ad Lucilium 124,14

Kein Lebewesen gleicht dem anderen. Betrachte nur all ihre Körper: Jeder hat seine eigene Farbe, besondere Gestalt und Größe. Zu den bewundernswerten kreativen Leistungen des göttlichen Weltenbaumeisters gehört in meinen Augen auch gerade die, daß er bei einer solchen Fülle seiner Schöpfungen niemals dieselbe Idee wiederholt hat. Auch das, was ähnlich scheint, ist bei einem genauen Vergleich unterschiedlich. So viele Arten von Blättern hat Gott geschaffen, doch gibt es keines, das sich nicht durch seine spezifische Eigenart auszeichnete; so viele Lebewesen: keines stimmt in der Größe mit einem anderen überein, jedenfalls läßt sich immer ein Unterschied erkennen. Gott stellte an sich den Anspruch, daß Andersgeartetes keine Ähnlichkeit und keine Gleichheit aufweisen solle.

Epistulae ad Lucilium 113,15 f.

Gott gab uns die Winde, um die angemessene Temperatur des Himmels und der Erde zu schützen, um das Wasser hervorzulocken und ihm Einhalt zu gebieten, um die Früchte der Felder und der Bäume zu ernähren: zur Reife gebracht werden sie unter anderem gerade durch ihr Hin- und Herschwanken, das den Saft nach oben zieht und durch die Bewegung das Absterben verhindert. Gott gab uns die Winde, damit wir erfahren, was es jenseits unseres Horizontes gibt. Denn der Mensch wäre ein unwissendes und an Erfahrungen armes Geschöpf, würde er auf die Enge seiner Heimat beschränkt. Gott gab uns die Winde, um uns an den Vorzügen eines jeden Landstrichs teilhaben zu lassen, nicht, damit wir Legionen und Reiter übersetzen, und auch nicht, damit wir Waffen, die den Völkern den Tod bringen, übers Meer transportieren.

Naturales quaestiones 5,18,13 f.

Wir haben gehört, daß Pompeji ... durch ein Erdbeben einstürzte und daß auch alle umliegenden Gebiete in Mitleidenschaft gezogen wurden, und dies auch noch im Winter, einer Zeit, von der unsere Vorfahren immer versicherten, sie sei frei von solcher Gefahr. Am fünften Februar im Konsulatsjahr des Regulus und Verginius ereignete sich dieses Beben und verwüstete und verheerte Kampanien, das zwar vor diesem Unglück niemals sicher, doch bisher ohne Schaden und oft mit dem Schrecken davongekommen war ...
 Die Bestürzung ist allgemein, wenn die Häuser krachen und sich ihr Einsturz ankündigt. Da stürzt jeder Hals über Kopf nach draußen, läßt seine Hausgötter im Stich und sucht Schutz unterm freien Himmel. Wo finden wir Zuflucht, wo Hilfe, wenn die Erde selbst ihren Einsturz betreibt und der Boden, der uns schützt und hält, der unsere Städte trägt und den manche als das Fundament des Erdkreises bezeichneten, aufreißt und schwankt? Was kann dir da – ich will nicht sagen Hilfe, doch wenigstens Trost bringen, wenn die Angst jede Flucht vereitelt hat?

Naturales quaestiones 6,1,1–6

Erdbeben dürfen uns nicht die Fassung rauben, als ob mehr Übel in ihnen steckten als im gewöhnlichen Tod; wir sollten uns ganz im Gegenteil freuen, auf bedeutendere Weise umzukommen, wenn wir schon sterben und irgendwann die Seele aushauchen müssen. Sterben muß man, gleichgültig, wo und wann ... Herrlich bringt es mein Vagellius in jenem berühmten Gedicht zur Sprache: »Muß ich denn fallen, möchte ich vom Himmel getroffen sein.« Dasselbe kann auch ich sagen: Muß ich schon fallen, so soll bei meinem Fall die Erde beben – nicht als ob man sich den allgemeinen Untergang wünschen dürfte, sondern weil es beim Sterben ungemein tröstet, wenn man sieht, daß auch die Erde sterblich ist.

Nützen mag es auch, sich vorzustellen, daß für nichts von alledem die Götter verantwortlich sind und daß nicht der Zorn göttlicher Mächte Erde oder Himmel aus den Angeln hebt.

Naturales quaestiones 6,2,7–3,1

Was wäre denn von der Gefahr der Veränderung ausgenommen? Nicht die Erde, nicht der Himmel, nicht dieses ganze Gefüge aller Dinge, mag auch alles vom Handeln Gottes bestimmt werden; die Welt wird nicht immer diese Ordnung behalten, sondern irgendein Tag wird sie aus dieser Bahn werfen. Alles geht in bestimmten Zeiten seinen Gang: Es muß werden, wachsen, verlöschen. Alles, was du über uns dahineilen siehst, und das, worauf wir gestützt und gestellt sind, als sei es von ewiger Dauer, wird allmählich vergehen und enden; alles hat sein bestimmtes Alter. In unregelmäßigen Abständen entläßt die Natur es an denselben Ort: Alles, was ist, wird nicht mehr sein, doch es wird nicht zugrunde gehen, sondern nur wieder aufgelöst werden.

Epistulae ad Lucilium 71,12 f.

Nicht nur mit Menschen ..., sondern auch mit Örtlichkeiten, Landstrichen und Erdteilen wird das Schicksal sein Spiel treiben. Ganze Gebirge wird es versinken und andernorts neue Felsmassen emporsteigen lassen; Meere wird es verschlingen, Flüssen eine andere Richtung geben, den Kontakt zwischen den Völkern abbrechen und die Gemeinschaft und den Zusammenhalt der Menschheit auflösen; anderswo wird es Städte in riesige Abgründe stürzen, durch Beben erschüttern, aus der Tiefe der Erde verpestete Dämpfe aufsteigen lassen, alle bewohnten Stätten mit Überschwemmungen überfluten, alles Lebendige durch den Untergang der Welt töten und mit ungeheuren Feuerbränden alles Sterbliche versengen und verbrennen.

Und kommt die Zeit, da die Welt zugrunde geht, um sich zu erneuern, wird all dies sich aus eigener Kraft vernichten, dann prallen Sterne gegen Sterne, und wenn alles brennt, geht in einem einzigen Feuer alles, was jetzt sein Licht wohlgeordnet ausstrahlt, in Brand auf. Auch wir glückliche Seelen, der Ewigkeit teilhaftig, werden, wenn es der Gottheit gefällt, dies von neuem ins Werk zu setzen, wenn alles zerfällt, uns als kleiner Teil eben dieses riesigen Zusammenbruchs in die alten Urstoffe zurückverwandeln.

Consolatio ad Marciam 26,6 f.

III

Leben und Schicksal

Das Leben ist weder ein Gut noch ein Übel: Es ist ein Tummelplatz für beides.

Epistulae ad Lucilium 99,12

Das Schicksal fürchtet die Tapferen, die Feiglinge verfolgt es.

Medea 159

Stell dir vor, ich käme bei deiner Geburt zu deiner Beratung: »Du wirst eine Stadt betreten, die Göttern und Menschen gemeinsam ist, alles umfaßt, an bestimmte, ewige Gesetze gebunden ist und unermüdlich ihren Verpflichtungen gegenüber den Göttern nachkommt. Du wirst dort unzählige Sterne blinken sehen, du wirst sehen, wie von einem einzigen Gestirn alles erfüllt wird, wie die Sonne auf ihrer täglichen Bahn die Dauer des Tages und der Nacht bestimmt und durch ihren jährlichen Lauf Sommer und Winter gleichmäßig voneinander scheidet. Sehen wirst du das nächtliche Aufgehen des Mondes, wie er den geschwisterlichen Begegnungen sein mildes und sanftes Licht verdankt ...

Wendest du, gesättigt vom Anblick der Erscheinungen am Himmel, den Blick auf die Erde, erwartet dich eine andere Gestaltung der Dinge, die auf andere Weise Bewunderung verdient ... Sehen wirst du, wie menschlicher Wagemut nichts unversucht läßt, und du wirst Zuschauer sein und selber zu denen gehören, die sich um Großes bemühen: Lernen und lehren wirst du verschiedene Fähigkeiten, solche, die den Lebensunterhalt besorgen, solche, die das Leben verschönern, und wieder andere, die es lenken. Aber dort wird es tausendfältiges Unheil für den Körper und die Seele geben, Kriege, Raubüberfälle, Gifte, Schiffbruch, Wetterkatastrophen, körperliche Gebrechen, bittere Verluste der liebsten Angehörigen und den Tod, von dem man nicht weiß, ob er leicht oder als Strafe und Marter kommt.

Geh mit dir zu Rate und wäge ab, was du willst: Um zu jenem zu gelangen, mußt du dieses durchschreiten.« ... »Niemand«, wirfst du ein, »hat nach unserer Meinung gefragt.« Gefragt wurden unsretwegen unsere Eltern, die, obwohl sie die Bedingungen des Daseins kannten, uns ins Leben gebracht haben.

Consolatio ad Marciam 18,1–8

Wenn du denen glauben willst, die einen tieferen Einblick in die Wahrheit haben, so ist das ganze Leben eine Strafe. In dieses tiefe und ruhelose Meer geworfen, das im Wechsel von Ebbe und Flut plötzlich aufwallt und uns nach oben trägt, bald um so schlimmer niederwirft und ständig umherschleudert, finden wir niemals einen festen Halt: Wir schwanken und taumeln, werden gegeneinander gestoßen, und gelegentlich erleben wir Schiffbruch, stets haben wir Angst. Wer dieses so stürmische und allen Unwettern ausgesetzte Meer befährt, für den gibt es keinen anderen Hafen außer dem Tod.

Consolatio ad Polybium 9,6

Gleichsam durch einen Fahneneid gebunden, hält der Mensch sein irdisches Leben für eine Art Kriegsdienst. Und er ist so veranlagt, daß er dies Leben weder liebt noch haßt.

Epistulae ad Lucilium 65,18

Ich weiß, daß alles nach einem bestimmten, für die Ewigkeit beschlossenen Gesetz abläuft. Das Fatum führt uns, und die erste Stunde unserer Geburt hat darüber entschieden, wieviel Zeit einem jeden bleibt. Gründe haben ihre Ursachen; die lange Verkettung der Dinge bestimmt das Private und das Allgemeine. Daher muß alles tapfer ertragen werden, weil nichts, wie wir glauben, zufällig eintritt, sondern mit Bestimmtheit kommt. Längst im voraus wurde festgelegt, worüber du dich freust, worüber du weinst, und mag sich auch das Leben der Einzelnen durch noch so große Vielfalt auszeichnen, alles läuft auf ein und dasselbe hinaus: Uns, die wir selbst vergänglich sind, erwartet Vergängliches ...

Was es auch sein mag, was uns befahl, gerade so zu leben, gerade so zu sterben, es bindet auch die Götter mit derselben Notwendigkeit; in unabänderlichen Bahnen verläuft Menschliches wie Göttliches. Jener Schöpfer und Lenker aller Dinge hat zwar selbst das Fatum festgeschrieben, aber er folgt ihm; immer gehorcht er, nur einmal hat er seine Befehle gegeben.

De providentia 5,6–8

Auch wir meinen, Gebete seien von Nutzen, unbeschadet der Kraft und Macht des Schicksals. Denn manches ließen die unsterblichen Götter so in der Schwebe, daß sie es zum Guten wenden, wenn man Bitten an sie richtet und Gelübde tut. So widerläuft dies nicht dem Schicksal, sondern ist auch selbst im Schicksal mitbeschlossen.

Naturales quaestiones 2,37,2

Auf unseren Charakter hat das Schicksal keinen Einfluß. Ihn muß der Mensch selbst bilden, damit Geist und Seele in voller Gelassenheit die Vollkommenheit erreichen, die keinen Verlust mehr empfindet, auch keinen Gewinn, sondern immer gleich bleibt, unabhängig davon, wie die Dinge laufen. Werden einem solchen Mann weltliche Güter zuteil, steht er hoch über ihnen; nimmt ihm das Schicksal einen Teil davon oder auch alles, wird er dadurch nicht kleiner ...

Worauf nun muß er seine Gedanken richten? Auf das, was gegen alle Waffen, was gegen Feinde jeglicher Art von Nutzen ist: auf die Todesverachtung.

Epistulae ad Lucilium 36,5–8

Weshalb beunruhigen dich Dinge, die dich treffen, aber genauso gut nicht treffen können? Ich meine Feuer, Einsturz von Gebäuden und anderes, was uns zufällig zustößt, nicht in feindlicher Absicht angetan wird ... Selten, wenn auch schlimm, sind Unglücksfälle wie Schiffbruch oder ein Unfall mit dem Wagen. Vom Menschen jedoch droht dem Menschen täglich Gefahr. Dagegen wappne dich, darauf richte deine gespannte Aufmerksamkeit! Kein Übel ist häufiger, keines hartnäckiger, keines trügerischer ... Du täuschst dich, wenn du den Gesichtern derer, die dir begegnen, vertraust: Sie sehen aus wie Menschen und sind wie wilde Tiere ... Doch die Tiere treibt immer nur die Not, anderen Schaden zuzufügen: Hunger oder Angst zwingen sie zum Angriff. Dem Menschen hingegen macht es Vergnügen, den Mitmenschen zugrunde zu richten.

Du aber halte dir bei dem Gedanken an die vom Menschen drohende Gefahr auch deine Menschenpflicht vor Augen. Hüte dich davor, verletzt zu werden, und ebenso davor, einen anderen zu verletzen. Freue dich mit allen, wenn es ihnen gut geht, nimm Anteil, wenn sie leiden, und vergiß nie, was du zu leisten und wovor du dich in acht zu nehmen hast! Was kannst du bei dieser Lebenseinstellung erreichen? Sicherheit vor Schaden nicht, wohl aber vor Täuschung.

Epistulae ad Lucilium 103,1–3

Noch jeder ist dem, womit er gerechnet hatte, tapferer entgegengetreten und hat sich auch harten Schicksalsschlägen, wenn er schon im voraus auf sie eingestellt war, besser widersetzt; war er jedoch unvorbereitet, geriet er auch bei den kleinsten Kleinigkeiten in Angst und Schrecken. Wir müssen es dahin bringen, daß uns nichts überraschen kann. Und weil alles Ungewohnte schwerer zu ertragen ist, wird dies ständige Vorausdenken dazu führen, daß man keinem Unglück wie ein ahnungsloser Tor begegnet.

Epistulae ad Lucilium 107,4

Diese Lage der Dinge können wir nicht ändern. Eines aber steht in unserer Macht: eine hohe Gesinnung zu beweisen, die eines tüchtigen Mannes würdig ist und uns hilft, Zufälliges tapfer zu ertragen und im Einklang mit der Natur zu bleiben. Die Natur nun lenkt ihr Reich, das du vor Augen hast, durch ständigen Wechsel: Auf Wolken folgt Sonne; die See ist ruhig, dann stürmisch; im Wechsel blasen die Winde; nach dem Tag kommt die Nacht; ein Teil des Himmels geht auf, ein anderer unter: Auf Gegensätzen beruht die Ewigkeit.

Diesem Gesetz muß sich unser Geist anpassen, dieses muß er befolgen, diesem gehorchen; und bei allem, was geschieht, muß er davon überzeugt sein, daß es so hat kommen müssen, und nicht die Natur kritisieren. Am besten ist es, hinzunehmen, was du nicht ändern kannst, und sich der Gottheit, die für alles verantwortlich ist, ohne Murren anzuschließen: Ein schlechter Soldat, der seinem Feldherrn klagend folgt! Deshalb wollen wir willig und freudig die Befehle entgegennehmen und dieser herrlichen Welt auf ihrer Bahn, der alles, was wir zu erdulden haben, eingewoben ist, die Treue halten; und zu Iupiter, ihrem Steuermann, laßt uns so sprechen, wie es unser Kleanthes in seinen vollendeten Versen tut ...

> Führe mich, o Vater und Herr des hohen Himmelspols,
> wohin du auch willst: Unverzüglich gehorche ich dir;
> eifrig bin ich zur Stelle. Wollt' ich das nicht, müßt' ich
> klagend dir folgen
> und als schlechter Mensch erleiden, was für einen guten
> möglich ist.
> Den Willigen führt das Schicksal, den sich
> Sträubenden schleift es hinter sich her.

So wollen wir leben, so reden; bereit soll uns das Schicksal finden und willig. Das zeugt von hoher Gesinnung, wenn man sich ihm anvertraut. Doch im Gegenteil klein und verkommen ist der Mensch, der dagegen ankämpft, über die Weltordnung schlecht denkt und lieber die Götter bessern will als sich selbst.

Epistulae ad Lucilium 107,7–12

IV

Götter und Religion

Die Götter fürchtet kein vernünftiger Mensch; es ist nämlich Wahnsinn, sich vor Heilbringendem zu ängstigen, und keiner liebt die, welche er fürchtet.

De beneficiis 4,19,1

Kommst du in einen Hain, bestanden mit alten, ungewöhnlich hohen Bäumen, wird dir der Anblick des Himmels durch die Dichte der sich überdeckenden Zweige verstellt, dann wird der hohe Wuchs des Waldes, das Geheimnisvolle des Ortes und das Staunen über das undurchdringliche, ununterbrochene Schattendach unter freiem Himmel in dir den Glauben an eine göttliche Macht wachrufen. Wölbt sich ein Berg über einer Grotte, die sich tief in die Felsen gefressen hat, kein Werk von Menschenhand, sondern eine Höhlung, die ihre riesigen Ausmaße natürlichen Ursachen verdankt, dann wird eine religiöse Ahnung deine Seele durchschauern. Wir verehren die Quellen großer Flüsse; das unerwartete Hervorbrechen eines breiten Stroms aus verborgener Tiefe läßt uns Altäre weihen ...

Siehst du einen Menschen, den Gefahren nicht schrekken, Leidenschaften nicht berühren, der im Unglück glücklich und inmitten der Stürme ruhig bleibt, der auf die Menschen herabblickt und den Göttern von gleich zu gleich begegnet – wirst du einen solchen nicht voller Ehrfurcht betrachten? Wirst du nicht sagen: »Hier zeigt sich etwas zu Großes und Hohes, als daß man an eine Verwandtschaft mit diesem armseligen Körper glauben könnte«? Eine göttliche Kraft ist in den Menschen herabgestiegen; den erhabenen, stets maßvollen Geist, der an allem wie an Nichtigkeiten vorbeigeht, der alles, was wir fürchten und ersehnen, nur belächelt, den Geist bewegt eine himmlische Macht. Etwas so Herausragendes kann ohne die Hilfe einer Gottheit nicht bestehen.

Daher ist dieser Geist mit dem wichtigeren Teil seines

Selbst dort oben, von wo er gekommen ist. So wie die Strahlen der Sonne zwar die Erde berühren, doch dort beheimatet sind, woher sie gesandt werden, so hat ein erhabener, gottgeweihter Geist, der zu uns geschickt wurde, um uns das Göttliche näherzubringen, wohl Umgang mit uns, bleibt aber seinem Ursprung verbunden; von dort ist er abhängig, dorthin schaut und strebt er, unter uns lebt er als höheres Wesen.

Epistulae ad Lucilium 41,3–5

Wir pflegen auf die gemeinsame Erwartung aller Menschen viel zu geben, und als Wahrheitsbeweis gilt uns das allgemeine Einverständnis. Die Existenz von Göttern schließen wir unter anderem aus der Tatsache, daß allen Menschen eine Vorstellung von den Göttern gleichsam eingepflanzt ist und es auf der ganzen Welt kein Volk gibt, welches sich so außerhalb der Gesetze und ethischen Normen bewegt, daß es nicht an irgendwelche Götter glaubte.

Epistulae ad Lucilium 117,6

Die Etrusker machen sich von Iupiter dieselbe Vorstellung wie wir: als Lenker und Hüter des Alls, Geist und Seele der Welt, als Herrn und Schöpfer dieses seines Werkes; auf ihn trifft jeder Name zu. Willst du ihn als Fatum bezeichnen, wirst du nicht im Irrtum sein: Er ist es, von dem alles abhängt, die Ursache der Ursachen. Willst du ihn Vorsehung nennen, wirst du dich auch richtig ausdrücken: Denn er ist es, nach dessen Ratschluß für diese Welt gesorgt wird, damit sie unbeeinträchtigt ihren Lauf nimmt und ihre Aufgaben erfüllt. Willst du ihn als Natur bezeichnen, wirst du keinen Fehler machen: Er ist es, dem alles entstammt, durch dessen Atemgeist wir leben. Willst du ihn das All nennen, dürftest du dich gleichfalls nicht täuschen: Er selbst ist nämlich das Ganze, das du siehst, der seinen Teilen innewohnt und sich und all seine Schöpfungen erhält.

Naturales quaestiones 2,45,1–3

Was ist Gott? Alles, was du siehst, und alles, was du nicht siehst. So erst bekommt er seine erhabene Größe, jenseits derer sich nicht Größeres denken läßt, wenn er allein alles ist, wenn er seine Schöpfung von innen und von außen zusammenhält. Welcher Unterschied besteht nun zwischen dem Wesen Gottes und dem unseren? Nur der bessere Teil von uns ist Geist. Gott aber ist nichts als Geist. Er ist ganz Vernunft.

Naturales quaestiones 1, praef. 13 f.

Gott ist dir nahe, er ist mit dir, er ist in dir. Ich behaupte, mein Lucilius: In uns wohnt ein heiliger Geist, der unsere Fehler und Vorzüge beobachtet und über sie wacht. Wie wir ihn behandeln, so behandelt er selbst auch uns. Ohne Gott ist niemand ein guter Mensch. Oder könnte sich jemand ohne Gottes Hilfe über die Launen des Schicksals erheben? Ihm verdanken wir unsere hochherzigen und erhabenen Entschlüsse. In jedem guten Menschen

wohnt Gott, unsicher nur, welcher Gott.

Epistulae ad Lucilium 41,1 f.

Ein Gott, der in einem menschlichen Körper wohnt – gäbe es eine andere Bezeichnung für die Seele? Dieser göttliche Funke kann sich ebenso in einen römischen Ritter wie in einen Freigelassenen oder einen Sklaven herabsenken. Denn was ist schon ein römischer Ritter, ein Freigelassener oder ein Sklave? Namen des Ehrgeizes oder des Unrechts. Ein Aufsprung zum Himmel ist auch aus einem dunklen Winkel möglich. Erhebe dich nur
> und würdig der Gottheit
> bilde auch dich.

Dies wird dir aber nicht mit Gold oder Silber gelingen. Aus solchem Material läßt sich das Ebenbild Gottes nicht schaffen. Denke daran: Als uns die Götter noch gnädig waren, waren sie aus Ton.

Epistulae ad Lucilium 31,11

Wir haben die Absicht, im Einklang mit der Natur zu leben und dem Beispiel der Götter zu folgen; wonach aber richten sich die Götter bei all ihrem Tun als allein nach dem Prinzip ihres Handelns? Denn du wirst ja nicht annehmen, sie empfingen den Lohn für ihre Werke aus dem Rauch geopferter Eingeweide oder dem Duft des Weihrauchs. Sieh nur, wie große Anstrengungen sie täglich unternehmen, welch große Gaben sie verteilen, mit welchem Früchtesegen sie die Erde füllen, mit wie günstigen Winden, die uns an alle Küsten tragen, sie die Meere in Bewegung bringen, mit welch ergiebigen, plötzlichen Regengüssen sie den Boden lockern, die Wasseradern versiegender Quellen wieder fließen lassen, ihnen auf verborgenen Wegen Nahrung zuführen und neues Leben schenken. All dies tun sie ohne Lohn, ohne irgendeinen persönlichen Vorteil. Daran soll sich auch unser Verhalten ausrichten ... Man sollte sich schämen, für irgendeine gute Tat einen Preis zu fordern: Nichts kosten uns die Götter.

De beneficiis 4,25,1–3

Sieh nur, wie ungerecht die Menschen die göttlichen Gaben einschätzen ... Sie beklagen sich, weil wir kleiner sind als die Elefanten, langsamer als die Hirsche, schwerer als die Vögel, antriebsschwächer als die Stiere, weil die Tiere ein widerstandsfähigeres Fell haben, eine schönere Decke die Rehe, einen dichteren Pelz die Bären, einen weicheren die Biber, weil uns die Hunde durch ihre feinere Witterung überlegen sind, die Adler durch ihre Sehschärfe, die Raben durch ein längeres Leben, viele andere Tiere durch ihre Fähigkeit zu schwimmen. Und obwohl manche Eigenschaften von Natur aus nicht in ein und demselben Geschöpf zusammen vorkommen können, wie körperliche Schnelligkeit und große Kraft, erklären es die Menschen für ein Unrecht, daß der Mensch nicht ganz verschiedene und miteinander unvereinbare Qualitäten in sich vereinigt, und halten die Götter uns gegenüber für nachlässig, weil sie uns keine stabile, auch gegen Laster unempfindliche Gesundheit gegeben haben und keine Kenntnis der Zukunft.

Kaum können sie sich mäßigen, nicht jedes Schamgefühl zu verlieren und die Natur dafür zu hassen, daß wir unterhalb der Götter stehen und ihnen nicht ebenbürtig sind. Wieviel besser wäre es, zur Betrachtung so zahlreicher und großer Wohltaten zurückzukehren und den Göttern dafür zu danken, daß wir nach ihrem Willen auf dieser herrlichen Welt, unserer Wohnstatt, zum Herrn der Erde gemacht wurden. Jemand vergleicht die Tiere mit uns, obgleich die Macht über sie bei uns liegt? ...

Wir verfügen über so viele gute Eigenschaften, so viele handwerkliche und intellektuelle Fähigkeiten, schließlich über einen Geist, dem nichts genau in dem Augenblick, wo er will, verschlossen bleibt, schneller als die Gestirne ...

Du magst dich bei allen Geschöpfen umsehen, und weil du keines finden wirst, mit dem du in jeder Hinsicht tauschen möchtest, kannst du von allen einzelne Vorzüge auswählen, die du lieber besäßest. Notwendigerweise mußt du dann, wenn du die Güte der Natur richtig beurteilst, zugeben, daß du von ihr bevorzugt worden bist. Ja, so ist es: Wir haben den unsterblichen Göttern am meisten am Herzen gelegen und tun es noch, und sie haben uns – die größte Ehre, die uns zuteil werden konnte – in ihre unmittelbare Nähe gestellt. Großes haben wir empfangen, noch Größeres hätten wir nicht zu fassen vermocht.

De beneficiis 2,29,1–6

Du hast mich gefragt, mein Lucilius, wie es möglich ist, daß guten Menschen so viel Schlimmes widerfährt, wenn doch eine Vorsehung die Welt regiert ... Ich will dich wieder mit den Göttern aussöhnen, die es mit den Besten auch immer am besten meinen. Es wäre nämlich wider die Natur, daß Gutes jemals Gutem schadet. Zwischen den guten Menschen und den Göttern besteht

Freundschaft. Die sittliche Vollkommenheit spielt hierbei eine vermittelnde Rolle. Sagte ich Freundschaft? Nein, auch Verwandtschaft und Ähnlichkeit, da sich der Gute ja nur durch die Dauer seines Lebens von Gott unterscheidet. Er ist Schüler und Nacheiferer Gottes und sein wahrhafter Sohn, den jener herrliche Vater, ein energischer Hüter der Tugenden, nach Art gestrenger Väter nicht ohne Härte erzieht ... Er verwöhnt den guten Menschen nicht, er prüft ihn, härtet ihn ab und macht ihn seiner würdig.

De providentia 1,1–6

An dieser Stelle will ich, mein Liberalis, die Götter vor dir rechtfertigen. Bisweilen nämlich pflegen wir zu sagen: ... »Warum hat die Vorsehung einen C. Caesar [den Kaiser Caligula] zum Herrscher über die Welt gemacht, einen Mann, gierig nach Menschenblut, das auf seinen Befehl vor seinen Augen so reichlich vergossen wurde, als wollte er es trinken?« Wie denn? Du meinst, ihm sei die Herrschaft übertragen worden? Nein, seinem Vater Germanicus wurde sie gegeben, seinem Großvater und Urgroßvater und davor anderen, nicht weniger berühmten Männern, auch wenn sie als Privatleute und anderen gleichgestellt ihr Leben verbrachten ...

Die einen behandeln die Götter nachsichtiger wegen ihrer Eltern und Großeltern, die anderen wegen ihrer künftigen Nachkommenschaft, wegen der Enkel, Urenkel und ihrer weit später folgenden Abkömmlinge; ihnen ist ja der Verlauf ihrer Schöpfung bekannt, und sie wissen immer in aller Deutlichkeit, was alles durch ihre Hände gehen wird. Für uns sind es plötzliche, ohne erkennbaren Grund auftretende Begebenheiten, und Ereignisse, die wir für Überraschungen halten, sind von ihnen vorausgesehen und ihnen ganz vertraut.

De beneficiis 4,31,1–32,1

Manches kann gar keinen Schaden bringen und hat nur wohltätige und heilsame Wirkung, so wie die unsterblichen Götter, die weder schaden können noch wollen; denn sie sind milde und freundlich und weit davon entfernt, anderen Unrecht zu tun, ebensowenig wie sich selbst. Ohne Verstand und ohne Kenntnis der Wahrheit sind daher die Menschen, die den Göttern das Toben des Meeres, sintflutartige Regenfälle oder einen langen, harten Winter anlasten, während doch nichts von alledem, was uns schadet und nützt, eigens auf uns zielt. Nicht wir nämlich sind für das Weltall der Grund für den Wechsel von Winter und Sommer. Diese Naturerscheinungen haben ihre eigenen Gesetze, durch die sich der göttliche Wille vollzieht. Wir denken von uns zu groß, wenn wir meinen, wir hätten es verdient, daß so gewaltige Bewegungen unsretwegen geschehen. Nichts davon passiert also zu unserem Leid, sondern im Gegenteil alles nur zu unserem Wohlergehen.

De ira 2,27,1 f.

Am schwierigsten von allem, was ich mir vorgenommen habe, ist wohl der Nachweis, daß Ereignisse, vor denen wir erschaudern und zittern, für uns selbst nützlich sind. »Es dient dem eigenen Vorteil«, wirfst du ein, »in die Verbannung gejagt zu werden, in Not zu kommen, Kinder und Ehepartner zu Grabe zu tragen, in Schande zu geraten, seine Gesundheit zu verlieren?« Wenn du dich wunderst, daß all dies für jemanden gut sein soll, mußt du dich auch darüber wundern, daß manche Patienten mit Messer und Feuer behandelt werden, ebenso wie mit einer Kur, bei der man nichts essen und trinken darf. Doch wenn du bedenkst, daß manchmal aus therapeutischen Gründen Knochen abgeschabt und herausoperiert, Adern entfernt und manche Gliedmaßen amputiert werden, die sonst dem ganzen Körper den Tod gebracht hätten, wirst du dich davon überzeugen lassen, daß manches Unglück im Interesse der Betroffenen ist.

De providentia 3,2

Zu einem guten Menschen kann ich sagen, wenn ihm keine schwierige Situation Gelegenheit bot, seine Charakterstärke zu zeigen: »Ich halte dich für unglücklich, weil du niemals unglücklich warst. Du bist, ohne auf einen Gegner zu treffen, durchs Leben gegangen. Niemand kann beurteilen, wozu du imstande bist, nicht einmal du selbst.« Denn um sich kennenzulernen, bedarf es der Probe. Was man kann, erfährt man nur durch eine Prüfung.

De providentia 4,3

Diejenigen also, welche die Gottheit schätzt, die sie liebt, härtet sie ab, prüft und trainiert sie; die jedoch, die sie scheinbar nachsichtig behandelt und schont, spart sie als Weichlinge für kommendes Unglück auf. Ihr irrt euch nämlich, wenn ihr jemanden als Ausnahme betrachtet: Auch einer, der lange glücklich war, wird sein Teil abbekommen. Wer, wie es scheint, verschont geblieben ist, hat nur Aufschub erhalten.

Warum schickt der Gott gerade dem Besten Krankheit, Trauer oder anderes Leid? Weil auch im Feldlager die gefährlichen Unternehmungen den Tapfersten befohlen werden: Der General entsendet seine Elite, welche die Feinde in einem nächtlichen Hinterhalt angreifen, den Weg erkunden oder einen Ort entsetzen soll. Keiner von denen, die auf solche Expeditionen gehen, sagt: »Der Feldherr hat mich schlecht behandelt«, sondern: »Er hat mich richtig eingeschätzt.« Ebenso mögen diejenigen sagen, die etwas erleiden müssen, worüber Angsthasen und Feiglinge jammern: »Offenbar hielt uns die Gottheit für würdig, an uns zu überprüfen, wieviel die menschliche Natur aushalten kann.«

De providentia 4,7 f.

Die Götter wenden also den guten Menschen gegenüber dasselbe Prinzip an wie die Lehrer bei ihren Schülern. Sie verlangen höhere Anstrengungen von denen, auf die sie größere Hoffnungen setzen.

De providentia 4,11

»Aber es passiert so viel Trauriges, Schreckliches und schwer Erträgliches.« »Weil ich euch davor nicht bewahren konnte, habe ich eure Seelen gegen alles gewappnet. Tragt es tapfer ... Vor allem habe ich dafür gesorgt, daß euch niemand gegen euren Willen festhalten kann: Der

Ausgang steht offen. Wollt ihr nicht kämpfen, so könnt ihr fliehen. Deshalb habe ich von allem, was ich für euch als notwendig erachtet habe, nichts so leicht gemacht wie das Sterben.«

De providentia 6,6 f.

Über die Ehrung der Götter erläßt man gewöhnlich Vorschriften. Laßt uns lieber gegen das Anzünden der Sabbat-Lampen vorgehen! Denn die Götter bedürfen des Lichtes nicht, und Menschen haben keine Freude am Ruß. Laßt uns den Morgenbesuch bei den Göttern und das Sitzen an den Tempeltüren untersagen! Durch solche Dienste wird nur menschlicher Ehrgeiz befriedigt. Gott ehrt, wer ihn kennt. Laßt uns verbieten, Iupiter Leinwand und Striegel zu bringen und der Iuno den Spiegel zu halten! Gott sucht nicht nach Dienern. Warum nicht? Er selbst dient ja der Menschheit, überall und für alle ist er da ...

Anfang jeder Gottesverehrung ist der Glaube an die Götter; dann folgt Ehrfurcht vor ihrer Majestät und Güte, ohne die es keine Majestät gibt; ferner das Bewußtsein, daß die Götter die Welt lenken, alles durch ihre Macht ordnen und für den Schutz der Menschheit sorgen – manchmal ohne Rücksicht auf den Einzelnen. Sie senden kein Übel und haben keines in ihren Händen. Wohl aber züchtigen sie den einen oder anderen, zügeln ihn, verhängen Bußen, und manchmal besteht die Strafe in einem scheinbaren Gut. Willst du die Götter gnädig stimmen? Sei gut! Wer ihrem Vorbild folgt, ehrt sie genug.

Epistulae ad Lucilium 95,47–50

Du magst den Göttern ruhig deine alten Gebete erlassen, beginne noch einmal von vorn mit anderen: Bitte um eine gute Gesinnung, um seelische Gesundheit, dann erst um körperliche. Weshalb solltest du solche Gebete nicht öfters verrichten? Bitte die Gottheit nur ganz beherzt: Nichts Ungehöriges wirst du dir von ihr wünschen ...

Einen wahren Ausspruch habe ich bei Athenodoros gefunden: »Sei dir bewußt, daß du dann von allen Begierden erlöst bist, wenn du es geschafft hast, den Gott nur um etwas zu bitten, was du auch vor aller Welt erbitten könntest.« Doch wie groß ist heutzutage der Wahnsinn der Menschen! Die schamlosesten Wünsche flüstern sie den Göttern zu; doch spitzt jemand die Ohren, verstummen sie; dem Gott aber erzählen sie, was sie vor allen Leuten verbergen wollen. Überlege also einmal, ob man nicht folgendes sinnvoll empfehlen könnte: Lebe so mit den Menschen, wie wenn Gott dabei zuschaute, und so sprich mit Gott, wie wenn die Menschen es hörten.

Epistulae ad Lucilium 10,4 f.

Was bedarf es der Gebete? Mach dich selbst glücklich. Das wird dir gelingen, wenn du erkannt hast, daß alle wahren Werte eng mit der sittlichen Vollkommenheit zusammenhängen und daß schimpflich ist, was mit einer schlechten Denk- und Handlungsweise verbunden ist.

Epistulae ad Lucilium 31,5

Mächtiger nämlich als jedes Schicksal ist der Menschengeist, er selbst lenkt sein Los in die eine oder die andere Richtung und verdankt sich selbst ein glückliches oder unglückliches Leben. Ein böser Mensch wendet alles zum Bösen, auch das, was ihm in der Gestalt des Besten entgegentritt. Doch der Rechtschaffene und Aufrechte bessert die Widrigkeiten des Schicksals, mildert Härten und Schwierigkeiten durch die Fähigkeit, sie zu ertragen, Erfreuliches nimmt er dankbar und bescheiden an, Feindseliges standhaft und tapfer. Mag er ein kluger Kopf sein, mag er alles vollkommen richtig beurteilen, mag er auch nichts unternehmen, was seine Kräfte übersteigt, jenes vollendete, über alle Bedrohungen erhabene Gut wird ihm nicht zuteil werden, falls er dem Ungewissen nicht mit Festigkeit begegnet. Ob du nun lieber andere beobachtest (Fremdem gegenüber ist unser Urteil ja freier) oder ohne positive Voreingenommenheit dich selbst, du wirst merken und zugeben, daß keines dieser wünschenswerten und geschätzten Dinge Nutzen bringt, wenn du dich nicht gegen die Unberechenbarkeit des Schicksals und die schicksalsabhängigen Äußerlichkeiten wappnest, wenn du nicht bei jedem einzelnen schweren Schlag immer wieder – und ohne zu murren – sagst:

»Die Götter wollten es anders.«

Nein, beim Hercules, ich möchte dir einen wirkungsvolleren und richtigeren Ausspruch empfehlen, der dir noch größeren Halt geben soll: Sooft etwas anders kommt, als du dachtest, sprich:

»Die Götter wußten es besser.«

Epistulae ad Lucilium 98,2–5

V

Leben in der Gesellschaft

Dieselben Anfänge haben alle Menschen, denselben Ursprung; niemand ist vornehmer als ein anderer, außer wenn er sich durch eine aufrechtere und aufgrund guter Charaktereigenschaften bessere Gesinnung auszeichnet.

De beneficiis 3,28,1

Wir sind für die Gemeinschaft geboren. Unsere Gemeinschaft gleicht einem Gewölbe aus Stein, das einstürzen würde, wenn sich die Steine nicht gegenseitig stützten und so das Gewölbe hielten.

Epistulae ad Lucilium 95,53

Urzustand

Die ersten Menschen und ihre Nachfahren folgten reinen Herzens der Natur, unterschieden nicht zwischen Anführer und Gesetz und vertrauten auf das Urteil des Besseren. Denn es liegt im Wesen der Natur, das Schwächere dem Stärkeren unterzuordnen. So finden sich in der vernunftlosen Tierwelt an der Spitze der Rudel als Leittiere die größten oder die aggressivsten ... Bei den Menschen gilt der Beste als der Größte. Aufgrund seiner geistigen und moralischen Qualitäten wurde deshalb der Anführer gewählt, und daher waren die Völker am glücklichsten, bei denen der Zugang zur Macht nur den Besten möglich war ...

In jenem sogenannten »Goldenen Zeitalter« lag laut Poseidonios die Königsherrschaft in den Händen weiser Männer. Sie schritten gegen Gewalttätigkeiten ein, schützten den Schwächeren vor dem Stärkeren, erteilten Ratschläge und Warnungen und zeigten das Nützliche und das Nutzlose. Ihre kluge Umsicht sorgte für die Bedürfnisse der Ihren, ihre Tapferkeit besiegte Gefahren, ihre Großzügigkeit verhalf ihren Untergebenen zu einem reicheren und schöneren Leben ...

Doch nachdem sich Laster eingeschlichen hatten, wandelte sich die Königsherrschaft zur Tyrannis, Gesetze wurden notwendig, die anfangs freilich noch von den Weisen gegeben wurden. Solon, der durch die Einführung der Rechtsgleichheit Athen auf eine feste Basis stellte, war einer der berühmten »Sieben Weisen« ...

Gab es je glücklichere Menschen [als während des Goldenen Zeitalters]? Gemeinsam genossen sie die Gaben der Natur; diese bot wie eine Mutter Schutz für alle;

sie bedeutete sorgenfreien Besitz des allgemeinen Reichtums. Warum sollte ich nicht dieses Geschlecht der Sterblichen als das wohlhabendste bezeichnen, da sich doch bei ihnen kein Notleidender hätte finden lassen? Doch da brach in diese heile Welt die Habgier ein, ... brachte die Armut mit sich, und dadurch, daß sie viel begehrte, verlor sie alles ...

Die Erde selbst war, solange man sie nicht bebaute, fruchtbarer und kam für den Bedarf der Völker, die sie noch nicht ausbeuteten, reichlich auf. Man freute sich, alle möglichen Geschenke der Natur zu entdecken, und freute sich nicht weniger, eine solche Entdeckung dem anderen zu zeigen. Keiner hatte zu viel oder zu wenig. Alles wurde einträchtig geteilt. Noch hatte sich der Stärkere nicht am Schwächeren vergriffen, noch hatte kein Geizhals seine Vorräte versteckt und einem anderen das selbst Unentbehrliche verweigert. Man kümmerte sich um den Mitmenschen und sich selbst in gleicher Weise. Die Waffen schwiegen, an keiner Hand klebte Menschenblut, und all seinen Haß hatte man nur auf wilde Tiere gerichtet.

Diese Menschen, die nur ein dichter Hain vor der Sonne schützte, die in einem dürftigen Schlupfwinkel lebten, lediglich durch ein Laubdach gegen strenge Winter und heftigen Regen gesichert, sie verbrachten die Nächte ruhig und ohne zu seufzen ... Wie sanft war der Schlaf, den ihnen der harte Erdboden schenkte! Über ihnen schwebten keine kunstvoll verzierten Kassettendecken, sie lagen unter freiem Himmel, und hoch über ihnen zogen die Sterne ihre Bahn ...

Sie besaßen keine Häuser, groß wie ganze Städte. Frische Luft und Wind überm freien Feld, sanfter Schatten eines Felsen oder Baumes, kristallklare Quellen und

Bäche, nicht durch Dämme, Wasserrohre oder sonstige Regulierungen verschandelt, sondern frei dahinfließend; und Wiesen in naturbelassener Schönheit; mitten darin eine ländliche Hütte, von bäuerlicher Hand schmuck gestaltet – dies war ein Heim nach dem Willen der Natur, in dem man gerne lebte, das man nicht fürchtete und um das man keine Angst ausstand. Heutzutage sind ja die Häuser eine unserer Hauptsorgen.

Doch selbst wenn diese Menschen ein noch so vortreffliches Leben führten, ohne List und Tücke, waren sie doch keine Weisen, da ja diese Bezeichnung nunmehr der größten geistigen Anstrengung zukommt. Gleichwohl möchte ich nicht leugnen, daß es hochgesinnte Menschen waren und sozusagen unmittelbar den Göttern entsprungen ...

Sie suchten jedenfalls nicht nach Gold, Silber und Edelsteinen in den tiefsten Schichten der Erde und schonten auch noch die vernunftlosen Tiere. Fern war die Zeit, daß der Mensch den Menschen umbrachte, und zwar nicht im Zorn, nicht aus Furcht, sondern nur, um dabei zuzuschauen. Man trug noch keine buntbestickten Kleider, wob noch kein Gold hinein, ja man schürfte noch nicht einmal danach. Was läßt sich daraus schließen? Aus Unwissenheit waren sie unschuldig; es ist aber ein großer Unterschied, ob jemand nicht sündigen will oder nicht sündigen kann. Die Menschen machten sich keinen Begriff von Gerechtigkeit, keinen von Klugheit, keinen von Selbstbeherrschung und Tapferkeit. Ihre primitive Lebensart wies zwar gewisse Ähnlichkeiten mit diesen Tugenden auf: Doch in den Besitz der Tugend gelangt nur jemand, der geschult, umfassend belehrt und durch stete Übung zur höchsten Vollendung geführt worden ist. Für diese Vollkommenheit, doch ohne sie, werden wir geboren, und auch bei den Besten findet sich vor der Ausbildung bloß die Anlage zur Tugend, nicht aber die Tugend selbst.

Epistulae ad Lucilium 90,4–46

Umgang mit der Masse und den Menschen allgemein

Du fragst, was du meiner Ansicht nach vor allem meiden mußt? Die Masse. Noch kannst du dich ihr nicht gefahrlos anvertrauen. Ich jedenfalls werde dir meine Schwäche gestehen: Immer hat sich mein Charakter verändert, wenn ich wieder nach Hause zurückkomme. Etwas von dem, was ich geordnet hatte, gerät in Verwirrung, ein Fehler, den ich bereits verjagt hatte, stellt sich erneut ein ...

Besonders schädlich ist der Umgang mit vielen Menschen: Niemand, der uns nicht irgendein Laster vorlebt, aufzwingt oder unvermerkt beibringt. Jedenfalls: Mit der Größe der Volksmenge, in die wir geraten, wächst die Gefahr. Nichts aber ist für einen guten Charakter so verderblich wie das müßige Dasitzen bei irgendeiner Vorführung; da nämlich schleichen sich gerade wegen des Vergnügens, das man empfindet, die Laster um so leichter ein. Was ich damit sagen will? Daß ich habgieriger zurückkomme, ehrgeiziger und genußsüchtiger? Nein, sogar grausamer und unmenschlicher, eben weil ich unter Menschen war.

Durch Zufall geriet ich in eine Mittagsvorstellung. Ich erwartete harmlose Spiele, Scherze und sonstige Entspannung, etwas also, wodurch sich die Leute vom Anblick menschlichen Blutvergießens erholen. Das Gegenteil tritt ein: Die vorausgegangenen Kämpfe waren nichts als Barmherzigkeit. Vorbei sind die Geplänkel, jetzt geht es um pure Menschenschlächterei. Nichts haben die Kämpfer zu ihrem Schutz; mit dem ganzen Körper den Hieben ausgeliefert, schlagen sie niemals vergeblich zu. Den meisten Zuschauern ist das lieber als die geregelten, sonst verlangten Zweikämpfe. Warum auch nicht? Kein Helm, kein Schild läßt das Schwert abprallen. Wozu denn auch Schutz? Wozu denn Fechtkunst? All das verzögert ja nur den Tod. Morgens werden die

Gladiatorenkampf auf einem Mosaik
von Torre Nuova. 4. Jh. n. Chr.

(Foto: Alinari, Florenz)

Menschen Löwen und Bären vorgeworfen, mittags ihren eigenen Zuschauern. Sie wollen, daß die Mörder ihren künftigen Mördern ausgeliefert werden, und sparen den Sieger für ein weiteres Gemetzel auf; am Ende erwartet die Kämpfer immer der Tod. Mit Feuer und Schwert wird alles erledigt. Dies geschieht, bis die Arena leer ist. »Aber der hat einen Raub verübt, einen Menschen umgebracht.« Was soll das heißen? Weil er gemordet hat, hat er sein Schicksal verdient. Aber – du Unseliger! – was gab dir das Recht, dabei zuzuschauen? »Töte, schlage, verbrenne ihn! Weshalb stürzt er sich so ängstlich auf das Schwert? Weshalb haut er viel zu zaghaft zu? Weshalb stirbt er so ungern? Mit Schlägen treibe man sie an, damit sie sich gegenseitig verwunden! Nackte Brust an nackter Brust – so sollen sie ihre gegenseitigen Hiebe treffen!« Die Vorführung ist unterbrochen. »Inzwischen soll man Menschen die Kehle durchschneiden, damit überhaupt etwas passiert!« Begreift ihr denn nicht wenigstens dies: daß böse Beispiele auf die zurückwirken, die sie geben?

Epistulae ad Lucilium 7,1–5

Kein Wort trifft gefahrlos unser Ohr: Schaden bringen Menschen, die uns Gutes wünschen, Schaden solche, die uns verfluchen. Denn die Verwünschung durch die einen flößt uns falsche Furcht ein, und die Liebe der anderen ist eine schlechte Lehrerin gerade mit ihren guten Wünschen; sie verweist uns nämlich auf ferne, ungewisse und unstete Güter, während wir doch das Glück nur aus uns selbst schöpfen können. Es ist uns, das betone ich, nicht gestattet, den rechten Weg einzuschlagen. In die verkehrte Richtung führen uns die Eltern, ebenso die Sklaven. Niemand geht für sich allein in die Irre, sondern steckt mit seiner Dummheit auch seine Umgebung an ... Es sollte daher einen Aufpasser geben, der uns von Zeit zu Zeit am Ohr zupft, das schädliche Geschwätz von uns fernhält und der lobhudelnden Masse mit Nachdruck widerspricht.

Epistulae ad Lucilium 94,53–55

Doch nichts verwickelt uns in größere Unannehmlichkeiten, als wenn wir uns nach dem Gerede richten, in der Meinung, das Beste sei das, was auf allgemeine Zustimmung stößt, ... und wenn wir uns in unserem Leben nicht von der Vernunft, sondern von dem Wunsch nach Anpassung leiten lassen ... An den Beispielen anderer gehen wir zugrunde. Wir finden aber Heilung, sofern wir nur der Masse den Rücken kehren.

De vita beata 1,3 f.

»Niemals habe ich dem Volk gefallen wollen; denn das, was ich weiß, findet beim Volk keine Anerkennung, und was die Anerkennung des Volkes findet, will ich nicht wissen.« »Wer sagt das?« fragst du, als ob dir nicht bekannt wäre, über wen ich verfüge: Epikur. Aber dasselbe werden dir auch alle Philosophen aller Schulen zurufen: die Peripatetiker, Akademiker, Stoiker, Kyniker. Denn wie könnte einer, der an der sittlichen Vollkommenheit Gefallen hat, dem Volk gefallen? Mit verwerflichen Mitteln erwirbt man die Gunst der Menge. Man muß sich ihr anpassen. Sie akzeptiert nur, was sie selbst richtig findet. Viel wichtiger ist jedoch, wie du dich selbst siehst, nicht, wie die anderen dich sehen. Nur auf verächtliche Weise läßt sich die Liebe verächtlicher Menschen gewinnen. Was also wird die Philosophie, diese hochgelobte, allen Künsten und Bemühungen vorzuziehende Wissenschaft, hier leisten? Selbstverständlich dieses: daß du lieber dir als dem Volk gefallen willst, daß du Beurteilungen prüfst, nicht bloß zählst, daß du ohne Furcht vor den Göttern und den Menschen lebst, daß du das Schlechte überwindest oder doch begrenzt. Sollte ich übrigens feststellen, daß die Masse dich feiert und preist, sollte dir, wenn du eintrittst, Beifallsgeschrei entgegenschlagen – Auszeichnungen für einen Pantomimen –, sollten dich überall in der Stadt Frauen und Kinder lobend erwähnen, müßte ich dann nicht Mitleid mit dir haben? Kenne ich doch den Weg, der zu solcher Beliebtheit führt.

Epistulae ad Lucilium 29,10–12

Wenn du den Wunsch hast, ehrlich gelobt zu werden, weshalb solltest du das einem anderen verdanken? Lobe dich selbst.

Naturales quaestiones 4a, praef. 14

Davor aber warne ich dich, daß du nicht nach Art der Leute, die nicht auf inneren Fortschritt aus sind, sondern nur auffallen wollen, durch dein Äußeres oder deinen Lebensstil Aufsehen erregst. Vermeide derbe Kleidung, ungepflegtes Haar, struppigen Bart, erklärten Haß auf das Geld, ein Matratzenlager auf der Erde und was eitler Ehrgeiz verkehrterweise sonst noch im Gefolge hat. Gerade das Etikett ›Philosophie‹ ruft schon genügend Aversionen hervor, selbst wenn man sie zurückhaltend betreibt. Was wäre erst, wenn wir auch noch anfangen, die übliche Lebensweise unserer Umwelt aufzugeben? Innen sei alles anders – unser äußeres Auftreten passe sich dem Volke an! ...

Unser Ziel sei es, ein sittlich besseres Leben zu führen als das Volk, nicht ein entgegengesetztes: Andernfalls verscheuchen wir die Menschen, die wir bessern wollen, und schrecken sie bloß ab; außerdem erreichen wir dann nur, daß sie, aus Furcht, alles nachahmen zu müssen, gar nichts mehr von uns übernehmen wollen. Dies verspricht doch die Philosophie als erstes: Sinn für die Gemeinschaft, Menschlichkeit, persönliche Kontakte; diese Zusage wird aber unser Anderssein nicht erfüllen. Laßt uns also darauf achten, daß das Verhalten, durch das wir Bewunderung wecken wollen, nicht lächerlich und unausstehlich ist ...

Genügsamkeit fordert die Philosophie, nicht Selbstkasteiung; doch Genügsamkeit braucht nicht ungepflegt einherzugehen. Dies ist das Maß, das mir zusagt: Unser Leben soll die Mitte halten zwischen dem Ideal und den allgemein üblichen Gepflogenheiten. Alle sollen unser Leben mit Respekt betrachten, aber auch gut finden. »Wie also? Werden wir genauso handeln wie alle anderen? Wird es zwischen uns und ihnen keinen Unterschied geben?« Sogar einen sehr großen: Daß wir der Masse ganz und gar nicht gleichen, soll jeder erkennen, der uns aus der Nähe betrachtet.

Epistulae ad Lucilium 5,1–6

Auch das liefert nicht wenig Anlaß für Unruhe und Aufregung, wenn du dich immer ängstlich verstellst und keinem dein wahres Gesicht zeigst. Viele Menschen führen ein solches Leben, aufgebaut auf Täuschung und Angeberei. Die ständige Selbstbeobachtung ist freilich quälend, und man fürchtet sich davor, ertappt zu werden, daß man in Wirklichkeit anders ist. Und niemals verläßt uns die Sorge, wenn wir uns durch jeden Blick beurteilt glauben; denn es gibt viele Zufälle, die uns gegen unseren Willen bloßstellen, und selbst wenn die sorgfältige Selbstkontrolle gelingen sollte, ist doch das Leben der Leute, die stets eine Rolle spielen, weder angenehm noch unbeschwert.

De tranquillitate animi 17,1

Ein zartes, im Guten noch zu wenig gefestigtes Gemüt muß man vor dem Einfluß des Volkes schützen. Leicht schließt man sich der Mehrheit an. Selbst einem Sokrates, Cato und Laelius hätte die so ganz anders geartete Masse die ethischen Überzeugungen austreiben können – geschweige denn, daß einer von uns, die wir gerade erst an unserem Charakter arbeiten, den Ansturm von Lastern ertragen könnte, die mit so großem Gefolge einherkommen. Schon ein einziges Beispiel von Völlerei oder Habgier richtet viel Schaden an. Ein verwöhnter Tischgast entkräftet und verweichlicht uns mit der Zeit, ein reicher Nachbar reizt unsere Begierden, und ein bösartiger Gefährte hat noch jeden noch so redlichen und aufrechten Mann mit seiner Verkommenheit angesteckt. Was meinst du, passiert mit einem Charakter, auf den die ganze Öffentlichkeit einstürmt? Man kann sich nur anpassen oder hassen. Beides aber gilt es zu vermeiden.

Man soll sich weder nach den Schlechten richten, bloß weil es viele sind, noch die Mehrheit anfeinden, bloß weil sie anders ist. Ziehe dich in dich selbst zurück, soweit du kannst. Kontakt pflege mit den Leuten, die dich bessern können, in deine Nähe laß solche, die du zu bessern vermagst. So kommt es zu einer wechselseitigen Beeinflussung: Die Menschen lernen, indem sie lehren.

Epistulae ad Lucilium 7,6–8

So ist es, ich bleibe bei meiner Meinung: Meide den Kontakt mit vielen, meide den Kontakt mit wenigen, meide sogar den Kontakt mit einem Einzelnen. Noch weiß ich niemanden, in dessen Gesellschaft ich dich sehen möchte. Und schau, wie ich dich beurteile: Ich wage es, dich dir selbst anzuvertrauen.

Epistulae ad Lucilium 10,1

Wir müssen uns an möglichst friedfertige und umgängliche Menschen anschließen und die argwöhnischen und starrsinnigen meiden. Man übernimmt nämlich die Eigenheiten derer, mit denen man Umgang hat, und wie sich körperliche Krankheiten durch Ansteckung übertragen, so werden auch charakterliche Defekte an die unmittelbare Umgebung weitergegeben ... Ebenso verhält es sich – nur umgekehrt – mit den guten Eigenschaften: Auf alles, womit sie in Berührung kommen, wirken sie besänftigend, und stärker noch, als eine heilsame Gegend und ein günstiges Klima der Gesundheit nützen, beeinflußt der Umgang mit vorbildlichen Menschen diejenigen, die innerlich noch nicht hinreichend gefestigt sind.

De ira 3,8,1 f.

Man muß sich oft in sich selbst zurückziehen, denn der Umgang mit Andersgearteten stört das schon gewonnene Gleichgewicht, schürt die Leidenschaften von neuem, verschlimmert die seelischen Schwächen und läßt die noch nicht ausgeheilten Stellen wieder aufbrechen. Dennoch müssen sich Einsamkeit und Geselligkeit verbinden und einander abwechseln. So wird das Alleinsein unsere Sehnsucht nach anderen Menschen wecken und die Geselligkeit die Sehnsucht nach uns selber; beides wird sich gegenseitig hilfreich ergänzen. Abscheu vor einer Menschenansammlung läßt sich durch den Rückzug heilen, Überdruß an der Einsamkeit durch das Eintauchen in die Menge.

De tranquillitate animi 17,3

Wenn jemand einen anderen verachtet, gibt er ihm zweifellos einen Tritt, geht aber weiter; keiner fügt einem Verachteten unausgesetzt und mit Absicht Schaden zu. Auch in der Schlacht geht man an einem, der am Boden liegt, vorüber, man kämpft nur mit dem Stehenden.

Epistulae ad Lucilium 105,2

Der Hoffnung böser Menschen wirst du entgehen, wenn du nichts hast, was die verbrecherische Begehrlichkeit der anderen reizt, wenn du nichts Auffälliges besitzt.

Epistulae ad Lucilium 105,3

Dem Neid entziehst du dich, wenn du dich nicht den Blicken der anderen aufdrängst, mit deinem Vermögen nicht prahlst und dich im stillen daran zu freuen weißt.

Epistulae ad Lucilium 105,3

Haß aber ist die Folge einer Beleidigung (dem geht man dadurch aus dem Wege, daß man niemanden provoziert), oder er stellt sich grundlos ein: Davor aber bewahrt dich der gesunde Menschenverstand.

Epistulae ad Lucilium 105,3

Eine unauffällige Position und ein sanftmütiges Wesen schützen dich davor, gefürchtet zu werden. Die Leute sollen wissen, daß du einer bist, den man ohne Risiko beleidigen kann; die Aussöhnung mit dir muß leicht und dauerhaft sein. Furcht zu wecken ist aber zu Hause ebenso lästig wie in der Öffentlichkeit ... Jeder verfügt über genügend Möglichkeiten, dir zu schaden. Bedenke nun noch, daß sich jemand, der gefürchtet wird, auch selbst fürchtet. Niemand kann Schrecken verbreiten, ohne sich selbst zu gefährden.

Epistulae ad Lucilium 105,4

Allerdings wird nichts so nützlich sein wie ein unauffälliges Verhalten, sehr wenige Unterhaltungen mit anderen, dafür ausgiebige Selbstgespräche. Die Unterhaltungen mit anderen haben etwas Verführerisches, das sich unbemerkt einstellt und einen umgarnt; so läßt man sich dann wie durch den Wein und die Liebe Geheimnisse entlocken. Keiner wird, was er erfahren hat, für sich behalten, keiner wird nur das weitersagen, was er gehört hat. Wer die Sache nicht verschweigt, wird auch sagen, von wem er sie hat. Jeder Mensch hat jemanden, dem er so viel anvertraut, wie ihm selber anvertraut wurde. Selbst wenn er seine geschwätzige Zunge hütet und sich nur dem Ohr eines einzigen mitteilt, wird doch die Menge der Mitwisser Legion sein. So ist, was eben noch ein Geheimnis war, in aller Leute Munde.

Epistulae ad Lucilium 105,6

Und was ist das eigentlich, was man eine Beleidigung nennt? Über meine Kahlköpfigkeit hat man gewitzelt, über meine Augenkrankheit, meine dünnen Beine, meine Figur. Wieso ist das eine Beleidigung, wenn man zu hören bekommt, was offensichtlich zutrifft?

De constantia sapientis 16,4

Es ist nicht günstig, alles zu sehen und alles zu hören. Viele Beleidigungen sollten wir gar nicht zur Kenntnis nehmen. Die meisten treffen einen ja nicht, wenn man nichts von ihnen weiß. Du willst nicht wütend werden? Gut, dann sei nicht neugierig.

De ira 3,11,1

Warum sind wir verletzt, wenn jemand unsere Redeweise nachahmt, wenn jemand unseren Gang, irgendeinen körperlichen Mangel oder einen Sprachfehler imitiert? Als ob das dadurch bekannter würde, daß jemand anders das nachmacht, als dadurch, daß wir es selber tun. Manche hören es nicht gern, wenn man von ihrem vorgerückten Alter, ihren grauen Haaren oder anderen Dingen spricht, zu denen man sonst noch auf eigenen Wunsch gelangt ...

Daher bringt man Lästermäuler und unverschämte Witzbolde am besten zum Schweigen, indem man von selbst und als erster über seine Defekte spricht. Niemand gibt Anlaß zu Gelächter, der über sich als erster lacht ...

Nimm noch hinzu, daß es eine Form der Rache ist, demjenigen, der dich beleidigen wollte, den Spaß zu verderben. »Ach, ich Armer! Ich glaube, er hat mich gar nicht verstanden.« Erst dann gilt eine Beleidigung als erfolgreich, wenn der andere sie auch empfindet und sich ärgert.

De constantia sapientis 17,2–4

Man erzählt dir, ein anderer habe schlecht über dich gesprochen. Dann überlege mal, ob du das nicht schon früher selbst gemacht hast; überlege auch, über wie viele Menschen du dich so äußerst.

De ira 2,28,5

Rache ist das Eingeständnis schmerzlichen Getroffenseins. Es zeugt nicht von Seelengröße, sich von Beleidigungen beeindrucken zu lassen. Derjenige, der dich verletzt hat, ist entweder stärker oder schwächer als du; ist er schwächer, schone ihn, ist er stärker, dich.

De ira 3,5,8

Frauen

Manche Menschen sind so schwachsinnig, daß sie glauben, sie könnten von einer Frau beleidigt werden ... Die Frau an sich ist unvernünftig, und falls man ihr keine Kenntnisse vermittelt und nicht viel Erziehung zukommen läßt, ein wildes Tier, maßlos in seinen Begierden.

De constantia sapientis 14,1

Zwischen den Stoikern, lieber Serenus, und den übrigen Philosophen besteht ein ebenso großer Unterschied wie, so darf ich wohl nicht ohne Grund sagen, zwischen Frauen und Männern; denn beide Gruppen leisten für das gemeinsame Leben ihren Beitrag, die einen aber sind zum Gehorchen, die anderen zum Befehlen geboren.

De constantia sapientis 1,1

Ein Trauerjahr haben unsere Vorfahren für die Frauen festgesetzt, nicht, damit sie so lange trauern, sondern damit sie es nicht länger tun. Für die Männer gibt es keine gesetzliche Trauerzeit, weil sie der Ehre widerspricht. Doch kannst du mir unter all den schwachen Frauen, die man nur mit Mühe vom Scheiterhaufen wegzieht, nur mit Mühe von dem Verstorbenen losreißt, eine einzige zeigen, deren Tränen auch bloß einen ganzen Monat angehalten hätten?

Epistulae ad Lucilium 63,13

Gibt es denn noch eine Frau, die wegen einer Scheidung errötet, seitdem gewisse prominente Damen aus dem Adel ihr Alter nicht nach der Zahl der Konsuln, sondern ihrer Ehemänner berechnen, sich scheiden lassen, um zu heiraten, und heiraten, um sich scheiden zu lassen? Man fürchtete den Skandal, solange er selten war. Aber weil es keine Zeitung ohne eine Scheidung gibt, lernten sie, was sie immer wieder hörten. Schämt man sich überhaupt noch für einen Ehebruch, seit es so weit gekommen ist, daß eine Frau ihren Mann nur dazu benutzt, um ihren Liebhaber zu reizen? Keuschheit ist der Beweis für mangelnde Attraktivität ... Einfältig und altmodisch ist eine, die nicht weiß, daß die Ehe ein einziger Ehebruch genannt wird.

De beneficiis 3,16,2 f.

H[ippokrates,] der größte aller Ärzte und Begründer der medizinischen Wissenschaft, sagte, Frauen litten weder an Haarausfall noch an Fußkrankheiten. Und doch gehen ihnen die Haare aus, und sie haben Fußleiden. Die Natur der Frau hat sich nicht geändert, aber sie ist stärkeren Einflüssen erlegen. Denn seitdem die Frauen ein ebenso ausschweifendes Leben führen wie die Männer, haben sie sich auch die körperlichen Beschwerden der Männer eingehandelt. Sie schlagen sich nicht weniger die Nächte um die Ohren, trinken nicht weniger und nehmen es im Ölverbrauch und in der Weinmenge mit den Männern auf. In gleicher Weise geben sie alles, was sie gegen den Widerstand ihrer Eingeweide zu sich genommen haben, wieder von sich und messen den Wein, den sie getrunken haben, noch einmal beim Erbrechen nach. In gleicher Weise essen sie Schnee zur Beruhigung ihres entzündeten Magens.

In ihrem sexuellen Verlangen stehen sie den Männern auch nicht nach. Zum Empfangen geboren – mögen die Götter und Göttinnen sie vernichten! –, haben sie eine so widernatürliche Form der Unzucht erfunden, daß sie die männliche Rolle übernehmen.

Was muß man sich da noch wundern, daß der größte Arzt und erfahrenste Kenner der Natur einer falschen Aussage überführt wird, da ja jetzt so viele Frauen gichtleidend und kahlköpfig sind? Die Vorteile ihres Geschlechts haben sie durch ihre Laster zunichte gemacht, und weil sie sich von ihrer Weiblichkeit losgesagt haben, sind sie zu den Krankheiten der Männer verdammt.

Epistulae ad Lucilium 95,20 f.

Von wem aber stammt die Behauptung, die Natur habe die Frauen böswillig behandelt und ihnen wenig Raum gegeben für die Entwicklung positiver Eigenschaften? Sie haben, glaube mir, die gleiche Energie und, wenn sie nur wollen, die gleiche Befähigung zu einem ehrbaren Leben; Schmerz und Anstrengung können sie, wenn sie sich daran gewöhnt haben, ebenso gut ertragen ...

[Cornelia, die Mutter der Gracchen,] schenkte zwölf Kindern das Leben und mußte ebenso viele wieder begraben. Die anderen fallen nicht so ins Gewicht: Weder ihre Geburt noch ihr Verlust war für den Staat spürbar. Doch Cornelia mußte mitansehen, daß Tiberius und Gaius – deren Größe auch jemand zugeben wird, der sie nicht günstig beurteilt – ermordet wurden und kein Begräbnis fanden. Dennoch sagte sie zu denen, die sie trösten und bemitleiden wollten: »Niemals werde ich mich als unglücklich bezeichnen, habe ich doch die Gracchen geboren.«

Consolatio ad Marciam 16,1–3

Du hast dich über das Vermögen deiner Kinder überaus gefreut, aber kaum Nutzen daraus gezogen. Du hast unserer Freigebigkeit Grenzen gesetzt, der deinen nie. Du hast als Tochter, die noch dem Vater unterstand, darüber hinaus deinen wohlhabenden Söhnen einiges zukommen lassen. Du hast unser väterliches Erbe so engagiert verwaltet, als sei es dein eigenes, und hast es so unangetastet gelassen, als gehörte es Fremden. Du hast dich unseres Ansehens so wenig bedient, als hätte es gar nichts mit dir zu tun, und von unseren Ehrenämtern hattest du nichts als die Freude und die Kosten. Niemals ging es deiner Liebe und Güte um den eigenen Vorteil ...

Dich hat die schlimmste Krankheit unserer Zeit, die Schamlosigkeit, nicht angesteckt wie die meisten; weder Edelsteine noch Perlen haben dich beeindrucken können. Vom Reichtum hast du dich nicht blenden lassen, als sei er das höchste Gut der Menschheit. Du hast dich, da du in einem altehrwürdigen und strengen Haus eine gute Erziehung erhalten hattest, nicht zu einer auch für anständige Menschen gefährlichen Nachahmung schlechter Beispiele verleiten lassen. Niemals hast du dich deiner Schwangerschaften geschämt, als gehörten sie sich in deinem Alter nicht mehr; niemals hast du wie andere, die ihren ganzen Ehrgeiz in eine schlanke Figur setzen, deine Leibesfülle verborgen, als sei sie eine unanständige Last; niemals hast du das in deinem Körper keimende Leben abgetötet. Dein Gesicht hast du nicht mit Schminke und anderen Reizen der Verführung verunstaltet. Niemals hast du an einem Kleid Gefallen gefunden, das nichts mehr zu enthüllen hatte, wenn man es ablegte. Die Keuschheit hieltest du für den einzig möglichen Schmuck, für die wahre Schönheit, die niemals altert, für die größte Zierde ...

Soweit es die altmodische Strenge meines Vaters erlaubte, hast du zwar nicht alle Wissenschaften gründlich studiert, aber doch wenigstens einen Einblick erhalten. Wäre doch mein Vater, dieser hervorragende Mann, weniger konservativ gewesen, und hätte er dir nur eine ernsthafte philosophische Bildung zukommen lassen, nicht bloß eine oberflächliche! Dann müßtest du jetzt keinen neuen Schutzwall gegen das Schicksal errichten, sondern könntest die bekannten Mittel hervorholen. Doch wegen der Frauen, die ihre wissenschaftliche Bildung nicht als Weg zur Weisheit nutzen, sondern für ihre Vergnügungssucht einsetzen, ließ er dir zu wenig Freiheit, dich den Studien zu widmen. Dennoch hast du dir dank deiner raschen Auffassungsgabe mehr angeeignet, als in der knappen Zeit eigentlich möglich war. Die Fundamente für alle Fachgebiete sind gelegt. Kehre nun dahin zurück. Sie werden dir Schutz bieten. Sie werden dich trösten und erfreuen.

Consolatio ad Helviam matrem 14,3–17,5

Sklaven

Eine besonnene Behandlung der Sklaven ist lobenswert. Auch bei einem Sklaven muß man bedenken, nicht wieviel er schadlos ertragen kann, sondern wieviel dir das Gefühl für Recht und Billigkeit gestattet, nach dem man ja auch Gefangene und gekaufte Personen schonen soll ... Obwohl einem Sklaven gegenüber alles erlaubt ist, gibt es ein gemeinsames Recht aller Lebewesen, das verbietet, von dieser Freiheit einem Menschen gegenüber Gebrauch zu machen.

De clementia 1,18,1 f.

Es ist ein Irrtum zu glauben, das Sklaventum durchdringe den ganzen Menschen. Der bessere Teil ist ausgenommen: Nur der Körper ist dem Herrn ausgeliefert und seinem Eigentum zugeschrieben, die Seele aber ist unabhängig; sie ist so frei und leicht, daß sie nicht einmal von dem Kerker [des Körpers], in den sie eingeschlossen ist, daran gehindert werden kann, ihrem natürlichen Impuls zu folgen, große Ideen zu entwickeln und sich, die Himmlischen begleitend, ins Unendliche fortzuschwingen. Daher ist es nur der Körper, den das Schicksal dem Herrn übergeben hat. Den kauft er, den verkauft er; doch jener innere Kern kann niemandes Eigentum werden.

De beneficiis 3,20,1 f.

Mit Freude habe ich von deinen Besuchern erfahren, daß du mit deinen Sklaven freundschaftlich umgehst. Das beweist mir dein kluges Verständnis und deine philosophische Bildung. »Es sind Sklaven.« Aber doch Menschen. »Es sind Sklaven.« Aber sie gehören doch zur Hausgemeinschaft. »Es sind Sklaven.« Jedoch Freunde, wenn auch von niedrigem Stande. »Es sind Sklaven.« Aber auch deine Mitsklaven, wenn du bedenkst, daß das Schicksal uns alle gleichermaßen in seiner Gewalt hat.

Daher kann ich über Leute nur lachen, die es für eine Schande halten, mit einem Sklaven zusammen zu essen. Und warum? Nur weil ein arroganter Brauch bestimmt, daß beim Essen eine Schar Sklaven um den Herrn herumzustehen hat? ... Aber die unglücklichen Sklaven dürfen ihre Lippen nicht bewegen, nicht einmal, um etwas zu sagen. Mit dem Stock wird jedes Gemurmel geahndet. Sogar unwillkürliche Regungen wie Husten, Niesen und Schluckauf bleiben nicht von Schlägen verschont. Jeder Laut, der die Stille unterbricht, wird streng bestraft. Die ganze Nacht lang stehen sie mit leerem Magen stumm da.

So kommt es, daß Sklaven, die in Gegenwart ihres Herrn nicht sprechen dürfen, dann über ihren Herrn reden. Im Gegensatz dazu sind diejenigen, die sich nicht nur vor ihren Herren, sondern sogar mit ihnen unterhalten durften, denen man nicht den Mund verbot, bereit, für ihren Herrn den Nacken hinzuhalten und die ihm drohende Gefahr auf sich zu nehmen. Sie sprachen bei den Banketten, doch schwiegen auf der Folter. Da zitiert man noch ein Sprichwort, das dieselbe Arroganz verrät: »Wie viele Sklaven, so viele Feinde.« Sie sind nicht unsere Feinde, wir machen sie erst dazu.

Ich will nun andere Grausamkeiten und Unmenschlichkeiten übergehen, wie z. B. die Tatsache, daß wir sie nicht wie Menschen behandeln, sondern als Lasttiere mißbrauchen; daß, wenn wir uns zu Tisch legen, einer der Sklaven unseren Auswurf aufwischen, ein anderer unter dem Speisesofa das Erbrochene der Betrunkenen aufsammeln muß. Ein dritter tranchiert teures Geflügel: Über Brust und Keulen führt er mit sicheren Schnitten seine kundige Hand und löst Fleischstücke heraus; unglücklich der Mann, der nur dafür lebt, gemästetes Geflügel elegant zu zerlegen. Nur daß einer noch erbärmlicher ist, der dies der Genußsucht wegen lehrt, als einer, der es nur gezwungenermaßen lernt.

Wieder ein anderer, ein Mundschenk, als Frau herausgeputzt, hat stets mit seinem Alter zu kämpfen: Er kann sein Knabenalter nicht hinter sich lassen, man holt ihn immer wieder zurück. Schon körperlich reif zum Kriegsdienst, ist sein Gesicht doch glatt – die Barthaare werden abrasiert oder herausgerissen. Er muß die ganze Nacht wach bleiben; während dieser Zeit verlangen die Trunksucht und die sexuellen Gelüste des Herrn abwechselnd seine Dienste: Im Schlafzimmer ist er Mann, beim Gelage Knabe ...

Du solltest stets daran denken, daß der Mann, den du deinen Sklaven nennst, dem gleichen Samen entstammt, sich an demselben Himmel freut, daß er atmet, lebt und stirbt wie du! Du kannst in ihm ebenso einen freien Mann sehen wie er in dir einen Sklaven. Nach der Niederlage des Varus warf das Schicksal viele Bürger aus vornehmstem Hause aus der Bahn, die dank ihrer militärischen Karriere schon den Rang eines Senators vor Augen hatten; den einen machte es zum Viehhirten, einen anderen zum Türsteher. Verachte also ruhig einen

Mann, den solches Schicksal traf – dir kann, noch während du ihn verachtest, dasselbe widerfahren.

Ich will mich nun nicht auf ein unerschöpfliches Thema einlassen und vom Umgang mit den Sklaven sprechen, gegen die wir uns so überaus hochmütig, grausam und gemein benehmen. Doch kurz zusammengefaßt lautet mein Grundsatz: Behandele deinen Untergebenen so, wie du von deinem Vorgesetzten behandelt werden möchtest! ...

Sei mild zu deinem Sklaven, geh auch freundschaftlich mit ihm um, ziehe ihn ins Gespräch, hole seinen Rat ein, bitte ihn an deinen Tisch ... »Wie denn? Alle Sklaven soll ich an meinen Tisch holen?« Genausowenig wie alle Freien. Du mußt nicht denken, ich würde einige wegen ihrer allzu schmutzigen Arbeit ausschließen, wie z. B. einen Maultiertreiber und einen Kuhhirten. Ich beurteile sie doch nicht nach ihrer Tätigkeit, sondern nach ihrem Charakter. Für den Charakter ist jeder persönlich verantwortlich, während die Tätigkeit vom Zufall bestimmt wird. Manche sollen mit dir essen, weil sie es wert sind, andere, um es zu werden. Denn wenn sie wegen ihres unfeinen Umgangs noch etwas von einem Sklaven an sich haben, so wird sich das durch das Zusammensein mit jemandem, der gebildeter ist, verlieren. Es besteht kein Grund, mein Lucilius, nur auf dem Forum oder im Rathaus nach einem Freund zu suchen; wenn du sorgfältig achtgibst, wirst du auch bei dir zu Hause einen finden ... Wie es Dummheit beweist, beim Pferdekauf das Pferd selbst nicht anzuschauen, sondern nur Pferdedecke und Zaumzeug, so ist es der Gipfel der Dummheit, einen Menschen nach seiner Kleidung oder seiner äußeren Stellung zu beurteilen, die er zufällig ›bekleidet‹.

»Er ist ein Sklave.« Aber vielleicht freien Geistes. »Er ist ein Sklave.« Ist das zu seinem Nachteil? Zeige mir einen, der kein Sklave ist! Der eine ist Sklave seiner Begierde, ein anderer seiner Habsucht, ein dritter seines Ehrgeizes, alle aber sind Sklaven der Hoffnung, alle sind Sklaven der Angst. Ich kann dir einen ehemaligen Konsul zeigen, der einem alten Weib, einen Reichen, der einer jungen Magd verfallen ist, und ich kann dir junge Männer aus dem Hochadel präsentieren, die den Pantomimen hörig sind. Keine Sklaverei ist verächtlicher als die freiwillige! Laß dich daher von diesen arroganten Kerlen nicht abschrecken: Sei freundlich zu deinen Sklaven und behandele sie nicht von oben herab. Ehren sollen sie dich, nicht fürchten.

Jetzt wird man behaupten, ich wolle die Sklaven zum Kampf um die Freiheit aufrufen und die Herren von ihrem Thron stoßen – bloß weil ich gesagt habe, sie sollten ihre Herren lieber verehren als fürchten. »Na gut«, sagt jemand, »sollen sie ihn so ehren wie Klienten, so wie die Leute, die ihre morgendliche Aufwartung machen?« Wer so fragt, vergißt wohl, daß für Herren nicht zu wenig ist, was für einen Gott ausreicht. Wer verehrt wird, wird auch geliebt. Liebe verträgt sich nicht mit Furcht. Meines Erachtens handelst du also vollkommen richtig, wenn du von deinen Sklaven nicht gefürchtet werden willst, wenn du sie nur mit Worten strafst. Mit Schlägen züchtigt man vernunftlose Tiere.

Epistulae ad Lucilium 47,1–19

Geselligkeit und Freundschaft

Die Natur hat uns als Blutsverwandte geschaffen, indem sie uns aus denselben Stoffen für ein und dieselbe Bestimmung erzeugte. Sie hat uns die Liebe zueinander eingegeben und uns zu geselligen Wesen gemacht. Sie hat festgesetzt, was recht und billig sein soll. Nach ihren Gesetzen ist es unglückseliger, einem anderen zu schaden, als selbst Schaden zu erleiden. Sie befiehlt uns, einem Hilfsbedürftigen die Hände zu reichen. Immer sollen wir jenes berühmte Dichterwort im Herzen und auf den Lippen tragen:

> Ich bin ein Mensch; nichts Menschliches,
> glaube ich, ist mir fremd.
>
> Epistulae ad Lucilium 95,52 f.

Zwei Dinge hat die Gottheit dem Menschen gegeben, um ihn in seinem Ausgeliefertsein unbezwingbar stark zu machen, die Vernunft und die Fähigkeit zur Gesellschaft. Daher ist der Mensch, der es mit keinem aufnehmen könnte, wenn er sich isolierte, Herr der Welt. Die Gemeinschaft hat ihn zur Herrschaft über alle Lebewesen geführt, die Gemeinschaft ließ ihn, der für die Erde geboren ist, seine Macht auch über ein ihm fremdes Element ausdehnen und hat ihn dazu gebracht, auch über das Meer zu gebieten. Daher konnte der Mensch dem Ansturm der Krankheiten widerstehen, sich Hilfe schaffen für sein Alter, Trost finden in seinen Schmerzen. Das macht unsere Stärke aus, daß wir uns gegen das Schicksal wappnen können. Hebe die Gemeinschaft auf, und du wirst die Einheit der menschlichen Gesellschaft, die das Leben erst ermöglicht, zerstören.

De beneficiis 4,18,2–4

Auf jeden Fall muß man die Menschen [, mit denen man zu tun hat,] sorgfältig auswählen und prüfen, ob sie es wert sind, daß wir ihnen einen Teil unserer Lebenszeit opfern, und ob sie für unser zeitliches Opfer überhaupt ein Gespür haben.

De tranquillitate animi 7,1

Die Gemeinschaft in allen Dingen läßt uns zu Freunden werden. Weder Glück noch Unglück betrifft nur einen von uns. Wir leben füreinander. Unmöglich kann jemand ein glückliches Leben führen, der nur auf sich schaut und alles seinem Vorteil unterordnet. Für den anderen mußt du leben, wenn du für dich sinnvoll leben willst. Dieses Bedürfnis nach Gemeinschaft, behutsam und respektvoll gepflegt, das die Menschen aneinander bindet und auf ein allgemeines Menschenrecht verweist, trägt auch besonders dazu bei, diese von mir erwähnte tiefere Freundschaft zu fördern. Denn wer mit dem Menschen vieles gemein hat, wird mit dem Freunde alles gemein haben.

Epistulae ad Lucilium 48,2 f.

Nichts jedoch bringt so viel Freude wie eine treue, zärtliche Freundschaft. Wie gut tut es, Menschen zu haben, denen man gefahrlos jedes Geheimnis anvertrauen kann, deren Mitwisserschaft man weniger zu fürchten hat als sein eigenes Gewissen. Das Gespräch mit ihnen lindert die Sorgen, ihre Meinung hilft uns bei unseren Entscheidungen, ihre Fröhlichkeit vertreibt unsere trüben Gedanken, schon über ihren Anblick freuen wir uns.

Aber natürlich werden wir nur solche zu Freunden wählen, die möglichst keinen gefährlichen Leidenschaften frönen ... Besonders jedoch muß man Pessimisten und den Menschen aus dem Weg gehen, die über alles jammern und alles und jedes zum Anlaß nehmen, sich zu beklagen. Mag so jemand uns auch stets ergeben und gewogen sein: Ein Gefährte, der sich ständig aufregt und über alles stöhnt, bedroht doch erheblich unseren Seelenfrieden.

De tranquillitate animi 7,3–6

Ich möchte dir noch sagen, ... was mir heute bei Hekaton gefallen hat. »Du fragst«, sagt er, »welche Fortschritte ich gemacht habe? Ich habe angefangen, mir ein Freund zu sein.« Er ist ein großes Stück vorwärts gekommen: Niemals mehr wird er einsam sein. Wisse, daß er allen ein Freund ist.

Epistulae ad Lucilium 6,7

Man kann auch mit abwesenden Freunden Kontakt haben, und zwar so oft und so lange, wie man nur will. Wir genießen dies Vergnügen – das größte, das es gibt – sogar noch stärker, wenn wir nicht zusammen sind. Denn ständiges Beisammensein verwöhnt uns nur; eben weil wir miteinander sprechen, spazierengehen, gemeinsam Platz nehmen, denken wir, wenn wir uns wieder getrennt haben, überhaupt nicht mehr an die Menschen, die wir gerade noch gesehen haben ... Der Freund muß in unserem Herzen wohnen, das aber ist immer da. Wen es sehen will, den hat es täglich vor Augen. Studiere daher mit mir, iß mit mir, geh mit mir spazieren. Unser Leben wäre sehr beschränkt, wenn es etwas gäbe, das unseren Gedanken verschlossen bliebe.

Epistulae ad Lucilium 55,9–11

Genießen wir also unsere Freunde in vollen Zügen, denn es ist ungewiß, wie lange es uns noch vergönnt sein wird. Denken wir daran, wie oft wir sie schon verlassen haben, um irgendeine längere Reise anzutreten, wie oft wir sie, obwohl wir am selben Ort wohnten, nicht besuchten. Dann wird uns klar, daß wir bereits viel zu viel Zeit ungenutzt ließen, und das zu ihren Lebzeiten.

Kannst du es aber ertragen, wenn Leute, die ihre Freunde völlig vernachlässigten, ganz jämmerlich trauern und jemanden nur lieben, wenn sie ihn verloren haben? Und deswegen trauern sie dann mit um so größerer Hingabe, weil sie fürchten, man könne an ihrer Liebe zweifeln; sie suchen nach verspäteten Beweisen ihrer Zuneigung.

Bleiben uns noch andere Freunde, erweisen wir ihnen einen schlechten Dienst und halten nicht viel von ihnen, wenn wir meinen, sie seien nicht imstande, uns über den Verlust eines einzigen Freundes hinwegzutrösten. Besitzen wir aber sonst keine Freunde, so haben wir uns größeres Leid zugefügt, als wir durch das Schicksal erfahren haben. Es hat uns nur einen entrissen, wir dagegen haben uns um alle gebracht, die wir nicht zu unseren Freunden gemacht haben.

Außerdem: Wer nicht mehr als einen einzigen lieben konnte, hat auch diesen einen nicht allzu sehr geliebt. Falls sich jemand nach einem Raubüberfall lieber über den Verlust seines einzigen Kleidungsstücks beklagte, anstatt sich danach umzuschauen, wie er sich gegen die Kälte schützen und etwas finden könnte, was seinen Rücken wärmt, würdest du den nicht für einen ausgemachten Dummkopf halten? Einen Menschen, den du liebtest, hast du zu Grabe getragen. Suche dir einen neuen, den du lieben kannst. Es ist besser, einen Freund zu ersetzen, als ihn zu beweinen.

Epistulae ad Lucilium 63,8–11

Der Weise ist sich selbst genug; zwar will er nicht ohne Freund sein, doch er kann es. Und wenn ich sage, er kann es, meine ich das so: Den Verlust eines Freundes erträgt er mit Gleichmut. Ohne Freunde wird er sowieso nie sein. Es steht in seiner Macht, wie schnell er den Verlust ersetzt ... Du fragst, wie er rasch einen neuen Freund gewinnt? ... Hekaton sagt: »Ich will dir ein Liebeselixier vorstellen, keine Arznei, keine Kräuter, keinen Zauberspruch einer Giftmischerin. ›Willst du geliebt werden, so liebe!«‹ Doch Befriedigung verschafft nicht nur eine alte, bewährte Freundschaft, sondern auch der Beginn und die Anbahnung einer neuen. Zwischen einem Bauern, der sät, und einem, der erntet, besteht derselbe Unterschied wie zwischen einem Menschen, der einen Freund gewonnen hat, und einem, der noch um ihn wirbt. Der Philosoph Attalus pflegte zu sagen, es sei reizvoller, sich um einen Freund zu bemühen, als ihn schon zu besitzen, genauso wie es für einen

Künstler reizvoller sei zu malen, als ein Bild gemalt zu haben ...

Doch zurück zum Thema! Auch wenn der Weise sich selbst genügt, möchte er trotzdem einen Freund haben, sei es auch bloß, um sich als Freund zu üben und um eine so wichtige Fähigkeit nicht brachliegen zu lassen, keineswegs aber zu dem Zweck, den Epikur ... beschreibt: »Damit er jemanden habe, der ihm im Krankheitsfalle beisteht und ihm zu Hilfe kommt, wenn er in Gefangenschaft oder in Not geraten ist.« Vielmehr will er jemanden haben, dem er bei einer Krankheit selber zur Seite stehen und den er selber aus feindlicher Gefangenschaft befreien könnte. Wer nur auf sich schaut und deswegen eine Freundschaft eingeht, ist schlecht beraten ...

Anfang und Ende einer Freundschaft müssen sich notwendigerweise entsprechen. Wer Freundschaft schließt, weil sie ihm nützt, wird sie, wenn das von Nutzen ist, auch wieder aufgeben. Hält man in der Freundschaft noch etwas anderes für wertvoll außer ihr selbst, wird ein anderer Vorteil die Freundschaft beenden. »Warum bemühst du dich um einen Freund?« Um jemanden zu haben, für den ich sterben kann, um jemanden zu haben, dem ich ins Exil folge, dessen Tod ich mich entgegenstemme und für den ich den Tod auf mich nehme. Das, was du beschreibst, ist eine geschäftliche Abmachung, aber keine Freundschaft, sofern sie auf ihren Vorteil zielt und nur auf künftige Gewinne schaut.

Zweifellos hat die Freundschaft Ähnlichkeit mit der Leidenschaft von Liebenden. Letztere könnte man als eine bis zum Wahnsinn getriebene Freundschaft bezeichnen. Liebt nun etwa jemand, weil er sich Profit erhofft? Oder aus Ehrgeiz oder aus Geltungsbedürfnis?

Sich über alles und jedes hinwegsetzend, entflammt die Liebe aus sich heraus das Begehren nach dem schönen Körper des anderen, auch in der Hoffnung auf Gegenliebe ...

»Es geht jetzt nicht darum«, sagst du, »ob die Freundschaft um ihrer selbst willen erstrebenswert ist.« Im Gegenteil, nichts muß man sorgfältiger prüfen. Denn ist sie um ihrer selbst willen erstrebenswert, kann auch jemand Freundschaft schließen wollen, der sich selbst genug ist. »Mit welcher Einstellung geht er an sie heran?« Wie an die schönste Sache der Welt, ohne einen Gedanken an Gewinn, ohne Furcht vor der Unbeständigkeit des Schicksals. Wer nur für gute Zeiten eine Freundschaft eingeht, nimmt ihr alle Würde ...

Mag also der Weise noch so selbstgenügsam sein, so braucht er doch Freunde, er möchte sogar möglichst viele, doch nicht, um glücklich zu leben; sein Leben ist ja auch ohne Freunde glücklich ... Er hat an sich selbst genug, und doch heiratet er. Er hat an sich selbst genug, und doch zieht er Kinder auf. Er hat an sich selbst genug und würde dennoch nicht leben wollen, sollte er es ohne Freunde tun müssen. Zur Freundschaft bringt ihn kein persönlicher Nutzen, sondern ein natürlicher Hang; denn so wie uns das Verlangen nach manch anderen Dingen angeboren ist, so auch nach Freundschaft. So wie es eine Abneigung gegen das Alleinsein und ein Bedürfnis nach Gemeinschaft gibt, so wie der Mensch von Natur aus Anschluß an andere sucht, so gibt es auch hier eine natürliche Neigung, Freundschaften für wünschenswert zu halten.

Epistulae ad Lucilium 9,5–17

Wohltätigkeit

Wir verstehen es weder, Wohltaten zu gewähren noch anzunehmen. So kommt es nämlich, daß wir für schlechte Anlagen schlechte Erträge erhalten, und zu spät beklagen wir uns, daß unsere Wohltaten nicht erwidert wurden; denn sie gingen schon in dem Moment verloren, als wir sie erwiesen.

De beneficiis 1,1,1

Wie es Pflicht des Weltalls ist, den Umlauf der Gestirne zu ordnen, wie es Pflicht der Sonne ist, den Ort ihres Aufgangs und Untergangs zu ändern und diese für uns so segensreiche Bewegungen durchzuführen, ohne daß sie dafür Lohn empfängt, so gehört es auch unter anderem zu den Pflichten des Menschen, Gutes zu tun. Warum also gibt man? Um das Geben nicht zu unterlassen und um nicht eine Gelegenheit, Gutes zu tun, zu versäumen.

De beneficiis 4,12,5

Laß uns nun, mein bester Liberalis, betrachten, ... wie eine Wohltat zu tun ist. Hierfür werde ich dir die meines Erachtens einfachste Methode nennen: Geben wir so, wie wir selbst empfangen möchten: vor allem gern, rasch, ohne jedes Zögern. Unangenehm ist die Wohltat, die lange an den Händen des Gebers klebte, von der er sich anscheinend nur mit Mühe trennen konnte und die er so gewährte, als müsse er sie sich erst entreißen.

De beneficiis 2,1,1 f.

Jedenfalls werden wir uns hüten, überflüssige Geschenke zu schicken, wie einer Frau oder einem alten Mann Jagdwaffen, wie einem Bauern Bücher, wie einem Gelehrten und Wissenschaftler Jagdnetze. In gleicher Weise werden wir umgekehrt darauf achten, daß wir dem anderen – wir wollen ihm mit unserer Sendung ja eine Freude machen – nicht etwas zukommen lassen, was seine Gebrechen verhöhnt; einem Alkoholiker also schicken wir keinen Wein und einem Kränkelnden keine Arzneimittel. Sonst wird die Gabe nämlich zur Beleidigung, wenn in ihr die Schwächen des Empfängers zum Vorschein kommen.

Wenn es einem freisteht, was man überreichen will, werden wir vor allem nach Dingen von bleibendem Wert suchen, damit das Geschenk möglichst von Dauer ist. Nur wenige Menschen sind so dankbar, daß sie an das, was sie bekommen haben, dann noch denken, wenn sie es nicht mehr sehen. Doch auch Undankbaren kommt zusammen mit dem Geschenk die Erinnerung wieder, sobald es ihnen vor Augen steht und sie am Vergessen hindert ...

Ich werde somit lieber silbernes Geschirr als Silbergeld verschenken, lieber Statuen als Kleidung und was sich sonst schon nach kurzem Gebrauch abnutzt ... Ich will, daß mein Geschenk, wenn möglich, nicht vergeht; es soll Bestand haben, mit meinem Freund verbunden sein, sein Leben begleiten ...

Bei einem Geschenk soll der gesunde Menschenverstand zum Tragen kommen. Zeit, Ort und Person muß man berücksichtigen ... Freut man sich denn nicht viel mehr über etwas, was man noch nicht hat, als über etwas, das man reichlich besitzt, und mehr über das, was man schon lange sucht und nicht gefunden hat, als über etwas, das man überall sieht? Die Zuwendungen sollen weniger kostbar, als vielmehr ungewöhnlich und mit Bedacht ausgewählt sein.

De beneficiis 1,11,6–12,4

Wie es eine herrliche Tat ist, auch Menschen gegen ihren ausdrücklichen Willen zu retten, so ist es eine einschmeichelnde und liebenswürdige Form des Hasses, Bittenden Verderbenbringendes zu gewähren. Eine Wohltat sollen wir nur erweisen, wenn sie beim Nutznießer mehr und mehr Freude weckt, wenn sie niemals ins Schlechte umschlagen kann. Geld werde ich nicht geben, wenn ich weiß, daß damit eine Ehebrecherin ausgehalten werden soll. Ich werde mich nicht zum Mitschuldigen einer Schandtat oder eines unehrenhaften Vorhabens machen ... Ich werde nicht zulassen, daß der andere später einmal sagen kann: »Der da hat mich durch seine Liebe umgebracht.« Oft besteht kein Unterschied zwischen den Geschenken der Freunde und den Wünschen der Feinde.

De beneficiis 2,14,4 f.

So wie die Vernunft es rät, muß man geben und empfangen. Dies aber wird ihr erstes Gesetz sein: Wir dürfen nicht von allen Menschen etwas annehmen ... Von wem also werden wir uns beschenken lassen? Um dir kurz zu antworten: von denen, denen wir auch etwas gegeben hätten.

De beneficiis 2,18,2 f.

Wenn wir entschieden haben, die Gabe annehmen zu sollen, dann wollen wir dabei vergnügt sein und unsere Freude zeigen; und dies soll auch für den Spender deutlich sichtbar sein, damit er sofort etwas davon hat; es ist nämlich ein legitimer Grund zur Freude, einen Freund froh zu sehen, und ein noch besserer, ihn froh gemacht zu haben ... Wer eine Wohltat dankbar annimmt, zahlt schon den ersten Teil seiner Dankesschuld.

De beneficiis 2,22

»Soll ich nicht alles tun, was ich vermag, um mich für eine Wohltat zu revanchieren, und soll ich nicht jede Gelegenheit, die mir Zeit und Umstände bieten, suchen, um den mit Geschenken zu überhäufen, von dem ich etwas bekommen habe?« Gewiß; aber es stände schlecht um die Wohltat, könnte man nicht auch mit leeren Händen dankbar sein.

De beneficiis 2,31,5

Oft ist einer, der eine Wohltat erwidert, undankbar und einer, der sie nicht erwidert, dankbar.

De beneficiis 3,7,6

Wenn manche Leute irgendein kleines Geschenk bekommen haben, schicken sie in überstürzter Eile sofort eine Gegengabe und bezeugen auf diese Weise, daß sie nichts schuldig geblieben sind. Es ist aber eine Form der Zurückweisung, wenn man gar zu schnell eine Gegengabe schickt und ein Geschenk durch ein anderes aussticht.

De beneficiis 4,40,4

Ich bin nicht dankbar, damit sich der andere mir um so gefälliger zeigt, weil ich ihm mit gutem Beispiel vorangegangen bin, sondern im Bewußtsein, etwas besonders Erfreuliches und überaus Schönes zu tun. Ich bin nicht dankbar, weil es mir nützt, sondern weil es mir Freude macht.

Epistulae ad Lucilium 81,20

Undankbar ist, wer abstreitet, ihm sei eine Wohltat gewährt worden, obwohl sie ihm erwiesen wurde; undankbar ist, wer sie verheimlicht; undankbar ist, wer sie nicht erwidert; am allerundankbarsten ist jedoch, wer nicht mehr an sie denkt.

De beneficiis 3,1,3

Doch die Unverschämtheit der Menschen geht so weit, daß sie sich, mögen sie auch noch so viel empfangen haben, doch für ungerecht behandelt halten, wenn sie nicht alles bekommen, was möglich gewesen wäre ... Danke lieber für das, was du erhalten hast; auf das andere warte und freue dich, daß du noch nicht alles hast. Es gehört zu den Freuden des Lebens, noch etwas erhoffen zu können ... Was dein größter Fehler ist, willst du wissen? Du stellst falsche Rechnungen auf: Was du gibst, bewertest du hoch, was du empfängst, niedrig.

De ira 3,31,1–3

Heftiger und ungestümer als all die anderen Charakterfehler ist der Neid, der uns dadurch zusetzt, daß er vergleicht. »Für mich hat er dies getan, aber für jenen mehr, und für den da hat er es früher getan.«

De beneficiis 2,28,1

Du stellst noch eine sehr wichtige Frage, mit der wir unsere Abhandlung schließen wollen: wie man sich Undankbaren gegenüber verhalten soll. Ruhig, milde, großzügig. Niemals solltest du dich über einen rücksichtslosen, vergeßlichen und undankbaren Menschen so ärgern, daß du dich nicht trotzdem über deine gute Tat freust. Niemals sollte dich eine Kränkung zu der Äußerung verleiten lassen: »Ich wollte, ich hätte mich anders benommen!« Deine Wohltat solltest du auch dann gutheißen, wenn sie nichts fruchtete. Der Empfänger wird immer Reue empfinden, wenn du nicht einmal unter solchen Umständen deine Wohltat bedauerst. Du hast auch keinen Grund, dich über den Undank aufzuregen, als sei etwas Unerhörtes geschehen. Du solltest dich eher wundern, wenn das nicht passiert wäre.

De beneficiis 7,26,1 f.

Da ist es doch eine viel bessere Methode, dem Undankbaren gegenüber wenigstens den Schein der Freundschaft zu wahren und, wenn er zur Vernunft zurückkehren will, sogar die wirkliche Freundschaft. Beharrliche Güte siegt auch über schlechte Menschen.

De beneficiis 7,31,1

Undankbarkeit ist etwas, das um ihrer selbst willen zu meiden ist. Denn nichts vermag die menschliche Gemeinschaft in gleicher Weise aufzulösen und zu zerreißen wie dieser Fehler. Wodurch sonst nämlich sind wir sicher, wenn nicht dadurch, daß wir uns wechselseitig gute Dienste leisten? Nur dadurch ist unser Leben einigermaßen gesichert und gegen plötzliche Angriffe geschützt: durch den Austausch von Wohltaten. Mach uns zu Einzelwesen, was sind wir?

De beneficiis 4,18,1 f.

Aber wir haben vielleicht schlechte Erfahrungen gemacht. Auch Kinder und Frauen haben unsere Erwartungen enttäuscht, und trotzdem ziehen wir Kinder auf und heiraten ... Daher ist es erst recht angemessen, im Erweisen von Wohltaten beharrlich zu sein.

De beneficiis 1,1,10

Politik

Die Natur freilich hat sich den König ausgedacht. Das kann man an anderen Lebewesen erkennen, vor allem aber an den Bienen. Deren König besitzt das geräumigste Gemach, und zwar in der Mitte und am sichersten Platz. Außerdem arbeitet er nicht; er achtet darauf, daß die anderen ihre Pflicht erfüllen. Nach dem Verlust des Königs fällt das Ganze auseinander. Nie dulden die Bienen mehr als einen Anführer und suchen sich den Besten im Kampf. Außerdem besitzt der König eine auffällige Gestalt. Sie unterscheidet sich von der der anderen sowohl durch ihre Größe als auch durch ihren Glanz. Am meisten fällt er jedoch dadurch auf: Die Bienen sind äußerst reizbar, im Verhältnis zu ihrer Körpergröße sehr aggressiv und lassen ihren Stachel in der Wunde zurück; der König selbst ist ohne Stachel. Die Natur wollte nämlich, daß er sanft sei und nicht nach Rache dürste, die ihn teuer zu stehen käme; sie hat ihm die Waffe genommen und seinen Zorn wehrlos gemacht. Das ist für große Könige ein leuchtendes Vorbild.

De clementia 1,19,2 f.

Der Herrscher ist freilich das Band, welches das Gemeinwesen zusammenhält. Er ist der lebenspendende Hauch, den diese vielen Tausende atmen; sie würden sich von sich aus nur selbst zur Last fallen und zu einer leichten Beute werden, würde ihnen diese geistige Kraft der Herrschaft fortgenommen.

»War wohlbehalten der König, war'n eines Sinnes die Menschen,
sobald er verloren, brachen die Treue sie.«

Ein solches Unglück wird den Untergang der römischen Friedensherrschaft herbeiführen, es wird das Glück dieses so großen Volkes in Trümmer legen. Dieser Gefahr entgeht das Volk, solange es seine Zügel zu tragen weiß. Wenn es sie einmal zerreißt oder bei irgendeiner Gelegenheit abwirft, wird es nicht mehr zulassen, daß sie ihm angelegt werden; das einheitliche Gefüge des Weltreichs wird in viele Splitter zerfallen, und für Rom wird das Ende des Gehorsams auch das Ende der Herrschaft bedeuten. Daher ist es kein Wunder, daß die staatlichen Führer, die Könige oder wie die Garanten der öffentlichen Sicherheit sonst noch bezeichnet werden, sogar mehr noch geliebt werden als die nächsten Angehörigen und Freunde. Denn wenn für vernünftige Leute die Probleme der Allgemeinheit wichtiger sind als die privaten, folgt daraus auch, daß sie für den eine größere Zuneigung empfinden, in dem sich der Staat verkörpert.

De clementia 1,4,1–3

Was ist denn der Grund dafür, daß Könige ein hohes Alter erreichten und ihre Herrschaft an ihre Kinder und Enkel weitergeben konnten, die Macht der Tyrannen aber verhaßt und kurz ist? Welcher Unterschied besteht denn zwischen einem König und einem Tyrannen? Von außen betrachtet, sind ihre Position und ihre Machtbefugnisse ja gleich, bloß daß die Tyrannen zu ihrem Vergnügen wüten, die Könige jedoch nur mit Grund und aus Zwang. »Wie denn? Pflegen nicht auch Könige zu töten?« Schon, allerdings nur, sooft das öffentliche Interesse es nahelegt. Dem Tyrannen dagegen ist Grausamkeit ein inneres Bedürfnis. Der Tyrann unterscheidet sich vom König durch seine Taten, nicht durch seinen Titel.

De clementia 1,11,4–12,1

Als milde werde ich nicht den bezeichnen, der Mitgefühl empfindet bei fremdem Schmerz, sondern denjenigen, der – obwohl der Zorn ihn gepackt hat – nicht aufspringt und einsieht, daß es Seelengröße beweist, auf dem Gipfel der Macht Kränkungen hinzunehmen, und es nichts Rühmenswerteres gibt als einen Princeps, den man ungestraft verletzen darf.

De clementia 1,20,3

Bei einer Bestrafung hat das Gesetz folgende drei Gesichtspunkte berücksichtigt, die auch der Princeps beachten muß: Er soll denjenigen, den er bestraft, entweder bessern oder durch dessen Strafe die anderen besser machen, oder die anderen sollen dadurch, daß die Übeltäter aus dem Weg geschafft werden, sicherer leben können. Eben sie wirst du leichter durch ein geringeres Strafmaß bessern; denn jemand, der noch etwas zu verlieren hat, führt ein vorsichtigeres Leben.

De clementia 1,22,1

»Wie lange noch immer wieder dasselbe?« Du fragst mich, wie diesem Lebensüberdruß abzuhelfen ist. Am besten wäre, wie Athenodoros es sagt, sich aktiv zu betätigen und sich der Politik und sozialen Aufgaben zuzuwenden ... Denn wenn man sich zum Ziel gesetzt hat, seinen Mitbürgern und Mitmenschen zu nützen, ist es das beste Mittel, sich zu üben und zugleich zu vervollkommnen, wenn man sich engagiert seinen Pflichten widmet und sich so, gemäß seinen Fähigkeiten, für das allgemeine und das persönliche Wohl einsetzt.

De tranquillitate animi 2,15–3,1

Epikur sagt: »Der Weise wird sich nicht politisch betätigen, es sei denn, es träten besondere Umstände ein.« Zenon sagt: »Er wird sich politisch betätigen, es sei denn, es läge ein Hinderungsgrund vor.« Der eine sucht die Zurückgezogenheit bewußt, der andere nur aus gutem Grund. Dieser Grund aber wird sehr weit gefaßt. Ist der Staat zu verdorben, als daß ihm noch zu helfen wäre, haben die Mißstände überall um sich gegriffen, wird der Weise keine überflüssigen Anstrengungen unternehmen und sich nicht aufopfern, da er doch nichts bewirken könnte. Wenn er zu wenig Ansehen, zu wenig Kraft hat, ... oder wenn es ihm sein Gesundheitszustand nicht erlaubt, wird er – so wie er ein leckgeschlagenes Schiff nicht in See stechen lassen oder wie er sich als gebrechlicher Mann nicht zum Kriegsdienst melden würde – keinen Weg beschreiten, von dem er weiß, daß er ungangbar ist.

De otio 3,2 f.

Verdrängt dich das Schicksal aus leitenden Positionen des Staates, mußt du dennoch standhalten und noch durch Zuruf Beistand leisten; und selbst wenn dir jemand die Kehle zudrückt, mußt du aushalten und noch durch dein Schweigen helfen. Die Mühen eines rechtschaffenen Bürgers sind nie ganz nutzlos. Man hört und sieht ihn; durch seine Miene, seine Gestik, seine wortlose Hartnäckigkeit und allein schon durch die Art seines Auftretens ist er von Nutzen.

De tranquillitate animi 4,6

Ist das Schicksal übermächtig und nimmt es einem die Möglichkeit zu handeln, soll man sich nicht sofort abwenden, seine Waffen wegwerfen und fliehen ..., sondern seine Aufgaben weniger ernst nehmen und sich mit Bedacht etwas suchen, womit man dem Staat nützlich sein kann. Der Militärdienst ist einem verschlossen: Somit bewerbe man sich um ein politisches Amt. Man muß als Privatmann leben: Also sei man Rechtsanwalt ... Ist sogar schon der Zugang zum Forum gefährlich, dann erweise man sich in den Privathäusern, im Theater und bei Tisch als guter Gefährte, treuer Freund und maßvoller Gast. Die staatsbürgerlichen Pflichten kann man nicht mehr erfüllen – so übe man sich in den allgemeinmenschlichen. Daher sind wir Stoiker ... nicht auf die Mauern einer einzigen Stadt beschränkt, sondern stehen im Austausch mit dem gesamten Erdkreis und erkennen in der ganzen Welt unser Vaterland: So wollen wir für unsere sittlichen Bestrebungen ein größeres Betätigungsfeld gewinnen.

De tranquillitate animi 4,2–4

Wir Stoiker dienen nicht jedem Staat, weder für immer noch bedingungslos. Da wir außerdem dem Weisen einen Staat gegeben haben, der seiner würdig ist, nämlich die ganze Welt, begibt er sich nicht außerhalb des Gemeinwesens, wenn er sich aus der Öffentlichkeit zurückzieht.

Epistulae ad Lucilium 68,2

Man fordert ja doch dies vom Menschen: Er soll seinen Mitmenschen nützen; wenn es sich machen läßt, vielen; ist dies nicht möglich, wenigen; ist das ebenfalls unmöglich, den Menschen seiner nächsten Umgebung; geht auch dies nicht, dann sich selbst ...

Stellen wir uns einmal zwei Staaten vor: einen großen und wirklich universalen, der die Götter und die Menschen umfaßt; in ihm blicken wir nicht auf diesen oder jenen Winkel, sondern messen seine Grenzen an der Sonnenbahn; der andere Staat sei der, an den uns der Zufall unserer Geburt gebunden hat (das mag Athen sein oder Karthago oder sonst irgendeine Stadt); er gehört nicht allen Menschen, sondern bloß einer bestimmten Gruppe. Manche Leute setzen sich gleichzeitig für beide Staaten ein, den größeren und den kleineren; manche nur für den kleineren, manche nur für den größeren. Diesem größeren Staat können wir auch als Privatleute dienen, ja, als Privatleute vielleicht sogar noch besser.

De otio 3,5–4,2

Mit welcher inneren Einstellung zieht sich der Weise ins Privatleben zurück? Er weiß, daß er auch dann etwas tut, was der Nachwelt nützt. Wir jedenfalls betonen, daß Zenon und Chrysipp Wichtigeres geleistet haben, als wenn sie Heere geführt, Ämter verwaltet oder Gesetze eingebracht hätten. Die Gesetze nun, die sie aufstellten, haben sie nicht einem einzigen Staat, sondern der ganzen Menschheit gegeben. Weshalb also sollte für einen rechtschaffenen Mann eine so verstandene Muße unpassend sein? Kann er doch für künftige Jahrhunderte Ordnung stiften und nicht bloß zu einigen wenigen reden, sondern zu allen Menschen aller Völker, zu den Menschen der Gegenwart wie denen der Zukunft.

De otio 6,4

Laß deinen Rückzug ins Privatleben nicht bekannt werden. Du solltest ihn auch nicht als philosophisches Studium oder beschauliches Dasein ausgeben. Begründe dein Vorhaben mit einem anderen Namen, sprich von Krankheit und Schwäche oder auch von Trägheit. Sich seiner Muße zu rühmen ist unpassender Ehrgeiz ... Daher ist es am besten, mit seiner Muße nicht anzugeben. Es ist aber eine Form des Angebens, sich allzu betont zurückzuziehen und sich den Blicken der Menschen zu entziehen ...

Wenn du dich zurückgezogen hast, mußt du darauf sehen, daß nicht die Menschen über dich reden, sondern daß du mit dir selber sprichst. Worüber nun? Tu das, was die Leute anderen gegenüber am liebsten tun: Denke schlecht von dir. Dann wirst du dich daran gewöhnen, die Wahrheit sowohl zu sagen als auch zu hören. Befaß dich aber mit dem, was deinem Eindruck nach deine größte Schwäche ist. Jeder Mensch kennt seine körperlichen Mängel ... So gibt es auch in unserer Seele ein paar sozusagen wunde Stellen, die der Behandlung bedürfen.

Epistulae ad Lucilium 68,3–7

In meinen Augen sind diejenigen im Irrtum, die glauben, daß die treuen Jünger der Philosophie widerborstig und halsstarrig seien, Verächter von Behörden, Königen oder Beamten der öffentlichen Verwaltung. Ganz im

Gegenteil: Keiner ist ihnen dankbarer, und das mit Recht. Jene leisten nämlich niemandem einen größeren Dienst als denen, die in Ruhe und Muße leben. Daher müssen die Menschen, für welche die öffentliche Sicherheit wesentlich dazu beiträgt, daß sie ihre Absicht, sittlich gut zu leben, verwirklichen können, den Urheber dieses hohen Gutes wie einen Vater verehren, und zwar noch viel mehr als die Leute, die ruhelos mitten in der Öffentlichkeit stehen; sie verdanken den Regierenden vieles, legen ihnen jedoch auch vieles zur Last: Ihnen kann niemals eine so großzügige Zuwendung, egal welcher Art, zufallen, daß ihre leidenschaftlichen Wünsche zur Ruhe kämen – sie wachsen, noch während sie erfüllt werden ...

Diese unteilbaren Güter, Friede und Freiheit, gehören in vollem Umfang sowohl der Allgemeinheit als auch den Einzelpersonen. Deshalb bedenkt der Weise, wem er den Genuß und die Vorteile dieser Güter verdankt, auf wen es zurückgeht, daß ein staatlicher Notstand ihn weder zu den Waffen noch zum Wachdienst, noch zur Verteidigung der Stadtmauern und zur Zahlung unterschiedlicher Kriegssteuern aufruft – und er bezeugt seinem Steuermann seinen Dank. Dies lehrt ja die Philosophie vor allem: sich für Wohltaten verpflichtet zu fühlen, sie in angemessener Weise zu erwidern. Manchmal indes ist die einfache Anerkennung bereits die Vergeltung. Er wird mithin offen sagen, daß er dem großen Dank schuldet, der es ihm durch seine umsichtige Regierung ermöglicht, in behaglicher Muße zu leben, über seine Zeit frei zu verfügen und eine Ruhe zu genießen, die durch keine Tätigkeiten für den Staat gestört wird.

Epistulae ad Lucilium 73,1–9

Augustus

Daß er ein Gott ist, glauben wir nicht so, als hätte man es uns befehlen müssen. Daß er ein guter Princeps war und der Titel ›Vater‹ gut auf ihn paßte, bekennen wir aus eben diesem Grund: weil er persönliche Beleidigungen, die für einen Princeps gewöhnlich bitterer sind als offensichtliches Unrecht, ohne Grausamkeit verfolgte; weil er über auf ihn gemünzte Bissigkeiten lachte; weil es augenscheinlich war, daß er sich selbst bestrafte, wenn er Strafen auferlegte; weil er alle, die er wegen ihrer Liebesaffären mit seiner Tochter verurteilt hatte, nicht töten ließ, sondern sie fortschickte und ihnen, damit ihre Sicherheit besser gewährleistet wäre, noch einen Reisepaß mitgab. Das heißt verzeihen ... So verhielt sich Augustus im Alter bzw. als er schon an der Schwelle zum Alter stand. In seiner Jugend war er heißblütig, ließ sich vom Zorn hinreißen und tat vieles, auf das er nur ungern zurückschaute.

De clementia 1,10,3–1,11,1

Claudius

Die Götter und Göttinnen mögen ihn unseren Landen lange erhalten. Möge er mit seinen Taten dem göttlichen Augustus gleichkommen, ihn an Jahren noch übertreffen. Solange er unter den Menschen weilt, soll er erleben, daß niemand aus seinem Hause sterblich ist. Möge er, beseelt von langjährigem Vertrauen, seinen Sohn dem römischen Reich als Herrscher empfehlen können und ihn als Mitregenten des Vaters sehen, bevor er der Nachfolger wird. Spät und erst unseren Enkeln soll der Tag bekannt werden, an dem ihn seine Ahnen in den Himmel aufnehmen.

Laß ihn, Schicksal, aus deinen Händen, und beweise nicht an ihm deine Macht außer dort, wo du Nutzen bringst. Laß ihn die Menschen heilen, die schon so lange krank und geschwächt sind, laß ihn wieder zurechtrücken und gutmachen, was der vorige Princeps, seiner Sinne nicht mächtig, zerschlug. Möge dieser Stern, der über dem tief gestürzten, ins Dunkle getauchten Erdkreis strahlend aufging, für immer leuchten. Möge unser Princeps Germanien befrieden, Britannien erschließen, möge er wie seine Väter Triumphe feiern und noch neue dazu.

Daß auch ich deren Zeuge sein werde, verspricht die Milde, unter seinen Vorzügen der herausragendste. Denn auch mich ließ er nicht so zu Fall kommen, als wollte er mich nicht wieder aufrichten; nein, er hat mich auch gar nicht zu Fall gebracht, sondern fing mich auf, als ich vom Schicksal getroffen niedersank, und legte, bevor ich in den Abgrund stürzen konnte, seine göttliche Hand sanft und schützend auf mich und brachte mich in Sicherheit. Er legte im Senat für mich Fürbitte ein und schenkte mir nicht nur das Leben, sondern erbat es sogar für mich. Möge er meinen Fall beurteilen, wie es ihm beliebt; sei es, daß sein Gerechtigkeitssinn ihn für günstig befindet, sei es, daß seine Gnade ihn zu einem günstigen macht: mit beidem wird er mir in gleicher Weise Gutes tun, mag er von meiner Unschuld überzeugt sein, mag er meine Unschuld nur wollen. Unterdessen ist es mir in meinem Elend ein großer Trost zu sehen, daß sich seine Barmherzigkeit über den ganzen Erdkreis erstreckt. Da sie schon einige, die viele Jahre verschüttet waren, aus eben dem verlorenen Winkel, an den ich verbannt bin, wieder ausgegraben und ans Tageslicht gebracht hat, brauche ich nicht zu befürchten, daß sie mich als einzigen übergeht. Er selbst weiß jedoch am besten, zu welchem Zeitpunkt er einem jeden zu Hilfe kommen muß. Ich werde mir alle Mühe geben, daß er nicht zu erröten braucht, wenn er zu mir kommt.

Gesegnet sei deine Milde, Caesar! Dank ihrer können unter deiner Herrschaft selbst die Verbannten ein sorgenfreieres Leben führen, als es noch vor kurzem unter Gaius Caligula den führenden Kreisen möglich war. Sie zittern nicht vor Furcht, sie erwarten nicht stündlich das Schwert, sie erschrecken nicht, sobald sie ein Schiff sehen. Dir verdanken sie die Gewißheit, daß das Wüten des Schicksals Grenzen hat, außerdem die Hoffnung auf eine Wende zum Besseren und eine sorglose Gegenwart. Du sollst noch wissen, daß die Blitzschläge schließlich am gerechtesten sind, welche auch die von ihnen Getroffenen respektvoll hinnehmen.

Consolatio ad Polybium 12,5–13,4

Ich weiß, daß ich an dem Tag frei geworden bin, als der Mann starb, der das Sprichwort wahr werden ließ, daß man entweder zum König oder zum Trottel geboren sein müsse.

Apocolocyntosis 1,1

Iupiter wird gemeldet, da sei jemand gekommen, hochgewachsen und schon recht grauhaarig; er stoße irgendwelche Drohungen aus und wackele ständig mit dem Kopf; den rechten Fuß ziehe er nach. Man habe ihn gefragt, was für ein Landsmann er sei; als Antwort habe er mit stockender Stimme irgend etwas dahergegrölt. Seine Sprache sei nicht identifizierbar, es sei weder Griechisch noch Römisch noch das Idiom eines sonst bekannten Volkes.

Da gibt Iupiter dem Hercules den Auftrag, sich auf den Weg zu machen und zu erkunden, welcher Nationalität er angehöre; schließlich war der ja schon auf dem ganzen Erdkreis herumgekommen und kannte offensichtlich alle Völker. Aber beim ersten Anblick geriet Hercules völlig außer Fassung, so als habe er doch noch nicht alle Ungeheuer zu fürchten gehabt. Sowie er diese beispiellose Erscheinung sah, den ungewöhnlichen Gang und die Stimme hörte, die keinem zu Lande lebenden Wesen zu eigen ist, sondern sich normalerweise nur bei Meeresungeheuern findet, so rauh war sie und undeutlich, da glaubte er, jetzt sei seine dreizehnte Arbeit gekommen.

Apocolocyntosis 5,2 f.

Dieser Mensch, ihr Senatoren, von dem ihr den Eindruck habt, er könne keiner Fliege etwas zuleide tun, der ließ Menschen umbringen – genauso bedenkenlos, wie ein Hund sich hinsetzt und loskackt.

Apocolocyntosis 10,3

Nero

Du hast dafür gesorgt, Caesar, daß der Staat nicht von Blut befleckt ist, und die Leistung, derer du dich stolz gerühmt hast, nämlich auf der ganzen Welt keinen Tropfen Menschenblut vergossen zu haben, ist um so bedeutender und bewundernswerter, als noch keinem Herrscher das Schwert früher anvertraut worden ist als dir.

De clementia 1,11,3

Nero
Zeitgenössisches Porträt

Du wolltest für etwas gepriesen werden, was sehr selten ist: für das Freisein von Schuld; das wurde bislang noch keinem Princeps zugestanden. Deine einzigartige Güte nun ist nicht vergebens und hat auch keine undankbaren oder böswilligen Kritiker gefunden. Kein Mensch war einem anderen Menschen je so ans Herz gewachsen wie du dem römischen Volk.

De clementia 1,1,5

Arbeit und Muße

Wer viel zu tun hat, findet keine Zeit für Dummheiten, und es ist eine unumstößliche Tatsache, daß die Laster des Müßiggangs durch Arbeit ausgetrieben werden.

Epistulae ad Lucilium 56,9

Reichlich spät antworte ich auf deine Briefe, aber nicht, weil ich zu viel zu tun hätte. Hör nicht auf eine solche Entschuldigung. Ich habe Zeit, und alle haben Zeit, wenn sie es wollen. Die Arbeit läuft niemandem hinterher. Man selbst schließt sie geradezu in seine Arme und hält sie für einen Beweis des Glücks.

Epistulae ad Lucilium 106,1

Es gibt nur ein einziges Gut als Ursache und Grundlage eines glücklichen Lebens: Selbstvertrauen. Das jedoch gewinnt man nur, wenn man der Arbeit keinen Wert beilegt und sie zu den Dingen rechnet, die weder gut noch schlecht sind. Denn es kann unmöglich sein, daß irgend etwas bald gut und bald schlecht ist, mal leicht und erträglich, mal aber abschreckend. Die Arbeit ist kein Gut. Was also ist dann ein Gut? Die Geringschätzung der Arbeit.

Epistulae ad Lucilium 31,3 f.

Macht es denn so viel Freude, inmitten der Arbeit zu sterben? Den meisten Menschen geht es gleich: Sie wünschen sich sehnlich, länger zu arbeiten, als sie physisch dazu imstande sind. Sie kämpfen gegen die Gebrechlichkeit ihres Körpers und halten das Alter nur deshalb für drückend, weil es sie ins Abseits stellt.

Einen Mann über fünfzig hebt das Gesetz nicht mehr zum Soldaten aus, einen über sechzig beruft es nicht mehr zum Senator. Die Menschen gönnen sich von sich aus weniger leicht den Ruhestand, als das Gesetz es tut. Während sie in der Zwischenzeit gehetzt werden und selbst hetzen, sich untereinander nicht in Ruhe lassen, sich gegenseitig unglücklich machen, trägt ihr Leben keine Früchte; es bleibt ohne Genuß, ohne jede geistige Weiterentwicklung.

Niemand hat den Tod im Blick, jeder hofft auf Dinge, die in weiter Ferne liegen, manche treffen sogar Verfügungen für die Zeit nach dem Tod: Grabstätten von gigantischen Ausmaßen, Stiftungen öffentlicher Gebäude, Opferfeierlichkeiten an ihrem Scheiterhaufen, pompöse Beisetzungen. Aber, beim Hercules, eigentlich müßte man sie wie Kinder, die nur ganz kurz gelebt haben, bei Fackelschein und Kerzenlicht zu Grabe tragen.

De brevitate vitae 20,3–5

Wohnen, Reisen, Verbannung

Rom

Schau dir doch bloß mal das Gedränge der Menschen hier an, für welche die Häuser einer so riesigen Stadt kaum ausreichen. Der überwiegende Teil dieser Menge ist hier nicht zu Hause. Aus ihren Landstädten und Kolonien, ja aus der ganzen Welt sind sie zusammengeströmt. Die einen hat der Ehrgeiz hierher geführt, die anderen ihre Verpflichtungen im Staatsdienst, die einen ein Gesandtschaftsauftrag, die anderen die Genußsucht, die nach einem passenden Ort mit reichen Möglichkeiten für ihre Laster sucht; wieder andere der Wunsch nach höherer Bildung und noch einmal andere das Schauspielangebot; manche zog die Freundschaft nach Rom, manche der Geschäftssinn, der hier viele Gelegenheiten findet, seine Tatkraft unter Beweis zu stellen; einige bieten ihren schönen Körper zum Kauf, einige ihre Redekunst. Menschen aller Art sind in der Stadt zusammengekommen, die für die Tugenden wie für die Laster einen hohen Anreiz bietet. Laß sie alle namentlich aufrufen und frage jeden, woher er stammt. Du wirst feststellen, die Mehrzahl hat ihre Heimat verlassen, um sich in diese riesige, wunderschöne Stadt zu begeben, die für sie aber trotzdem eine fremde ist.

Consolatio ad Helviam matrem 6,2 f.

Baiae

Ich will des Todes sein, wenn für einen, der sich zum Studieren zurückgezogen hat, absolute Ruhe wirklich so notwendig ist, wie es gemeinhin heißt. Schau, von allen Seiten umtönt mich vielfältiger Lärm: Ich wohne genau über dem Bad. Stell dir nun einmal alle Sorten von Geräuschen vor, die einen dazu bringen könnten, die eigenen Ohren zu hassen: Wenn kräftige Männer trainieren und ihre Arme, mit Bleigewichten beschwert, hin- und herschwingen, wenn sie sich abmühen oder jedenfalls so tun als ob, höre ich ihr Stöhnen, und wenn sie ihren angehaltenen Atem wieder ausstoßen, höre ich ihr pfeifendes, keuchendes Ausatmen; wenn ich an einen der trägen Sorte gerate, der sich mit dem schlichten Einsalben begnügt, höre ich, wie die Hand auf die Schultern klatscht, und je nachdem, ob sie flach oder hohl auftrifft, ändert sich der Ton. Kommt aber noch ein Ballspieler hinzu und fängt an, seine Bälle zu zählen, dann ist es ganz aus. Nimm nun noch einen Rabauken dazu, einen auf frischer Tat ertappten Dieb und einen, der sich im Bad gerne singen hört, nimm dazu noch diejenigen, die mit einem ungeheuren Getöse klatschend ins Wasserbecken springen.

Neben diesen wenigstens noch echten Geräuschen stell dir auch noch einen Haarauszupfer vor, der plötzlich, um auf seine Dienste aufmerksam zu machen, seine dünne, schrille Stimme erhebt und nur dann den Mund hält, wenn er einem Kunden die Achselhaare ausreißt und dafür diesen zwingt, an seiner Stelle zu kreischen; ferner das unterschiedliche Marktgeschrei der Getränkeverkäufer, Wursthändler, Zuckerbäcker und aller Kneipenwirte, die ihre Waren mit einer jeweils eigenen, aufdringlichen Stimme verkaufen wollen.

Baiae, sog. Venustempel, vermutlich Teil der Badeanlagen

»Du mußt«, sagst du, »eiserne Nerven haben oder taub sein, wenn du in diesem lärmenden Tohuwabohu nicht den Verstand verlierst, zumal ja unseren Chrysipp schon der ständige Besucherstrom fast umgebracht hat.« Mich aber, beim Hercules, kümmert dieser Krach genausowenig wie das Meeresrauschen oder ein Wasserfall, obgleich ich weiß, daß ein bestimmtes Volk bloß aus dem Grund, weil es das Getöse des Nilfalls nicht mehr ertragen konnte, seine Stadt verlegte. Für mich bedeutet die menschliche Stimme eine größere Ablenkung als normaler Lärm. Jene wirkt nämlich auf den Geist, dieser jedoch füllt und quält nur das Ohr. Zu den Dingen, die mich, ohne daß ich dadurch gestört wäre, als Geräuschkulisse umgeben, rechne ich vorbeifahrende Wagen, eine Schmiede im Haus oder ein Sägewerk in der Nachbarschaft ... Ich zwinge mich nämlich, mich nach innen zu konzentrieren und mich nicht auf Äußeres einzulassen; mag draußen alles lärmen, wenn nur im Herzen kein Aufruhr herrscht, wenn nur dort Begierde und Furcht keinen Kampf austragen, wenn nur dort die Habgier und die Genußsucht nicht miteinander streiten und sich gegenseitig martern. Denn was nützt es, wenn die ganze Umgebung ruhig ist, die Leidenschaften aber toben? ...

Laß dir also gesagt sein, daß du erst dann innerlich gefestigt bist, wenn dir kein Krach mehr etwas ausmacht, wenn dich keine Stimme mehr aus der Fassung bringt, egal, ob sie schmeichelt, droht oder dich als leerer Schall umtönt. »Wie denn? Ist es nicht manchmal angenehmer, kein Geschrei um sich zu haben?« Das gebe ich ja zu; deshalb werde ich auch diesen Ort verlassen. Ich wollte mich lediglich prüfen und üben. Doch wieso sollte man sich noch länger quälen, wenn schon Odysseus für seine Gefährten ein so einfaches Mittel selbst gegen die Sirenen gefunden hat?

Epistulae ad Lucilium 56,1–15

Reisen

Ich habe manche sagen hören, in unserer Seele gebe es ein natürliches Verlangen, den Wohnort zu wechseln und sich anderwärts niederzulassen. Denn dem Menschen eignet ein beweglicher, unruhiger Geist, der es nirgends lange aushält, der sich ausbreitet, seine Gedanken um alles Bekannte und Unbekannte kreisen läßt, unstet, der Ruhe nicht mächtig und hocherfreut über alles Neue. Darüber wirst du dich nicht wundern, wenn du auf seinen unmittelbaren Ursprung siehst: Er entstammt keinem irdischen schweren Körper, er ist ein Abkömmling jenes himmlischen Geistes. Das Himmlische aber ist von Natur aus in ständiger Bewegung.

Consolatio ad Helviam matrem 6,6 f.

Daß du ständig deinen Aufenthaltsort wechselst und von hier nach da springst, ist nicht in meinem Sinne; denn erstens deutet das häufige Reisen auf ein unstetes Gemüt. Man kann nicht in Ruhe Wurzeln schlagen und wachsen, wenn man nicht aufhört, sich umzuschauen und durch die Gegend zu irren. Damit sich Geist und Seele festigen können, mußt du zunächst deinen Körper zur Ruhe kommen lassen.

Epistulae ad Lucilium 69,1

Was bringt es, übers Meer zu fahren und von einer Stadt in die nächste zu reisen? Willst du deinen Sorgen entfliehen, darfst du nicht immer unterwegs sein, sondern du mußt ein anderer werden ...

Was könnte einem das Reisen an sich schon nützen? Es mäßigt nicht die sinnlichen Gelüste, zügelt nicht die Begierden, beschwichtigt kein cholerisches Temperament, bändigt keine entfesselte Liebesleidenschaft, kurz, es befreit die Seele nicht von ihren Übeln. Das Reisen fördert weder die Urteilskraft, noch zerstreut es unsere Irrtümer, sondern es begeistert uns – wie ein Kind, das über Unbekanntes staunt – für kurze Zeit durch die neuartigen Eindrücke. Im übrigen verstärkt gerade das unstete Wanderleben die Labilität der schwerkranken Seele noch mehr und macht uns noch hektischer und oberflächlicher. Daher verlassen die Menschen die Plätze, die sie so unbedingt aufsuchen wollten, um so dringlicher, fliegen wie die Vögel von einem Ort zum anderen und fahren schneller ab, als sie gekommen sind.

Natürlich wird man durch Reisen andere Völker kennenlernen, neue Gebirgsformationen sehen, bislang unbekannte Räume und Ebenen und Täler besuchen, die von nie versiegenden Quellen bewässert werden. Das Reisen ermöglicht dir, die Eigenart irgendeines Flusses zu beobachten: z. B. wie der Nil im Sommer steigt und anschwillt oder wie der Tigris den Augen entschwindet und nach unterirdischem Verlauf in voller Größe wieder erscheint ... Doch das alles wird dich weder besser noch gesünder machen ...

Glaubst du denn wirklich, deine Seele, die an so zahlreichen Brüchen und Verstauchungen leidet, könnte durch Ortswechsel geheilt werden? Zu groß ist dies Übel, als daß es durch eine Spazierfahrt zu behandeln wäre. Eine Reise läßt niemanden zum Arzt, niemanden zum Redner werden; eine Kunst lernt man nicht durch die Wahl eines Ortes. Und die Weisheit, die größte aller Künste, die will man unterwegs aufsammeln? Es gibt keine Reiseroute, glaube es mir, die dich dahin bringt, wo du frei wärst von Leidenschaften, Zornesausbrüchen und Ängsten ... Diese Laster werden dir zusetzen und dich auf deinen Reisen zu Lande und zu Wasser so lange martern, wie du die Ursachen der Übel in dir herumträgst. Du wunderst dich, daß die Flucht dir nicht hilft? Mit dir ist, wovor du fliehst. Also: Werde ein besserer Mensch, wirf von dir, was dich belastet, und beschränke deine Sehnsüchte auf ein vernünftiges Maß, verbanne jede Schlechtigkeit aus deiner Seele.

Epistulae ad Lucilium 104,8–20

Nil-Landschaft mit Pygmäen
Haus der Pygmäen, Pompeji

Wir müssen uns einen Ort suchen, der nicht nur dem Körper, sondern auch der Seele wohltut ... Es gilt, den Verlockungen der Laster möglichst weit aus dem Weg zu gehen, wir müssen uns innerlich abhärten und uns von den verführerischen Genüssen abkehren ... Gebe ich der Genußsucht nach, muß ich mich auch dem Schmerz, der Mühsal und der Armut beugen; ebenso werden dann auch der Ehrgeiz und der Zorn ihre Rechte mir gegenüber geltend machen. So viele Leidenschaften zerren mich hin und her, nein – sie zerreißen mich.

Mein Ziel ist die Freiheit: Sie ist der Lohn aller Anstrengungen. Du fragst, worin die Freiheit besteht? Von keiner Sache, keinem Zwang, keinem Zufall sklavisch abhängig zu sein und sich dem Schicksal nicht zu unterwerfen. An dem Tag, da ich meine Überlegenheit erkenne, ist seine Macht dahin. Sollte ich es einfach so hinnehmen, da doch der Tod in meiner Hand liegt?

Wer solchen Gedanken nachhängt, muß sich ernste und würdige Aufenthaltsorte wählen. Eine allzu reizvolle Gegend verweichlicht die Menschen, und zweifellos trägt die Umgebung mancherlei dazu bei, unsere Energien nachteilig zu beeinflussen ... Ein strengerer Charakter der Landschaft stärkt den Geist und befähigt ihn zu großen Unternehmungen.

Epistulae ad Lucilium 51,4–11

Verbannung

Laßt uns nun prüfen, was eine Verbannung eigentlich ist. Natürlich ein Ortswechsel. Doch um nicht den Anschein zu erwecken, die Bedeutung der Verbannung zu verharmlosen und ihre größten Härten beiseite zu lassen, stelle ich ausdrücklich fest: Die negativen Folgen einer solchen Ortsveränderung sind Armut, Schande und Verachtung.

Consolatio ad Helviam matrem 6,1

Daß an der Armut nichts Schlimmes ist, sieht jeder ein, den der Wahnsinn der alles vernichtenden Habgier und Genußsucht nicht gepackt hat. Wie wenig nämlich ist für den Lebensunterhalt des Menschen wirklich nötig: Wer könnte daran Mangel leiden, wenn er ein einigermaßen guter Mann ist! Was freilich mich betrifft, so ist mir bewußt, daß ich nicht meinen Reichtum, sondern meinen Pflichtenkreis verloren habe. Die Bedürfnisse des Körpers sind gering: Er will nicht frieren, er will Nahrung und Trank, um nicht zu hungern und nicht zu dürsten; was man darüber hinaus begehrt, dient nur den Lastern, nicht dem tatsächlichen Bedarf.

Consolatio ad Helviam matrem 10,1 f.

Wie wenig freilich haben wir verloren! Die zwei schönsten Dinge folgen uns, egal, wohin wir uns begeben: die allen gemeinsame Natur und die eigene Tüchtigkeit ... Das Beste, was der Mensch besitzt, liegt außerhalb menschlicher Willkür und kann weder gegeben noch genommen werden. Diese unsere Welt, die größte und schönste Schöpfung der Natur, und der Geist, der Betrachter und Bewunderer der Welt, ihr herrlichster Teil, beide gehören uns, überdauern und werden so lange bei uns sein, wie wir selbst am Leben bleiben. Daher wollen wir freudig, erhobenen Hauptes und mit furchtlosem Schritt eilen, wohin auch immer das Schicksal uns führt, und Land für Land durchmessen. Innerhalb dieser Welt kann es keine Verbannung geben; gibt es doch nichts auf dieser Welt, was dem Menschen fremd wäre.

Gleichgültig, von welchem Erdenfleck aus sich der Blick zum Himmel erhebt, der Abstand zwischen der göttlichen und der menschlichen Welt ist überall gleich. Solange sich daher meine Augen von diesem Schauspiel, an dem sie sich nicht satt sehen können, abwenden müssen, solange es mir vergönnt ist, Sonne und Mond zu betrachten, solange ich mich in die übrigen Gestirne versenken, ihre gegenseitigen Entfernungen und die Gründe ihres mal rascheren, mal langsameren Dahingleitens erforschen, solange ich das Meer der durch die Nacht funkelnden Sterne schauen kann ..., solange ich meinen Geist, der sich danach sehnt, Verwandtes zu schauen, immer nach oben richte: was kümmert es mich, wo ich hintrete?

Consolatio ad Helviam matrem 8,2–6

VI

Erziehung, Studien, Wissenschaften

Die Erziehung fordert die größte und für die Zukunft fruchtbarste Sorgfalt. Denn es ist leicht, die noch zarten Gemüter zu bilden, wogegen sich Fehler, die mit uns herangewachsen sind, nur schwer ausrotten lassen.

De ira 2,18,2

Lang ist der Weg über Belehrungen, kurz und wirkungsvoll durch Vorbild und Beispiel.

Epistulae ad Lucilium 6,5

Kein Lebewesen ist empfindlicher als der Mensch, keines ist mit größerer Kunst zu behandeln; keines ist mehr zu schonen.

De clementia 1,17,1

Am meisten, behaupte ich, wird es sich lohnen, wenn man die Knaben sofort vernünftig erzieht. Die Anleitung aber ist schwierig, weil wir verhindern müssen, ihre Reizbarkeit zu fördern, doch auch ihre natürlichen Anlagen nicht unterdrücken dürfen. Dies bedarf sorgfältiger Beachtung, denn für beides, sowohl für das, was es zu entwickeln, als auch für das, was es niederzuhalten gilt, wendet man ähnliche Methoden an ...

Läßt man dem Kind alle Freiheiten, wächst das Selbstbewußtsein, mutet man ihm sklavische Unterwürfigkeit zu, wird es jedoch erschüttert. Durch Lob wird es gestärkt und setzt in sich große Hoffnungen, aber eben dieselben Erziehungsprinzipien bringen auch ein unverschämtes und cholerisches Verhalten hervor. Daher muß man den Jungen auf einem Mittelweg führen, so daß er bald gezügelt, bald ermuntert wird. Er darf nie erniedrigend, nie wie ein Sklave behandelt werden. Niemals soll er in die Verlegenheit kommen, demütig zu bitten, noch darf es ihm nützen, wenn er dies tat ...

Soofft er etwas Lobenswertes geleistet hat, soll er ruhig stolz sein, aber nicht übermütig werden; denn auf die Freude folgt Ausgelassenheit, auf die Ausgelassenheit Arroganz und Selbstüberschätzung. Wir werden ihm Erholung gönnen, allerdings Faulenzen und Nichtstun unterbinden, und mit den verschiedenen Lustbarkeiten lassen wir ihn nicht in Berührung kommen.

Nichts nämlich fördert die Neigung zu Wutausbrüchen so sehr wie eine nachgiebige und schmeichlerische Erziehung. Deshalb: Je nachsichtiger man sich seinem einzigen Sohn gegenüber zeigt, je mehr man unmündigen Kindern erlaubt, desto schlechter werden sie. Der wird Unannehmlichkeiten nicht aushalten können, dem niemals etwas abgeschlagen wurde, dem die besorgte Mutter immer die Tränen trocknete und dem recht gegeben wurde, wenn er sich über seinen Erzieher beschwerte.

De ira 2,21,1–6

Der Knabe soll immer die Wahrheit hören. Mag er sie auch bisweilen fürchten, soll er sie doch stets achten; vor Älteren soll er sich erheben. Mit einem Wutanfall soll er nichts erreichen können. Was man dem Weinenden abschlug, soll man ihm, wenn er sich wieder beruhigt hat, gewähren. Den Reichtum seiner Eltern soll er vor Augen haben, ihn aber nicht ausnutzen. Seine Vergehen soll man ihm vorhalten.

Es ist sinnvoll, den Knaben freundliche Lehrer und Erzieher zu geben: Solange man in zartem Alter steht, paßt man sich seiner nächsten Umgebung an und entwickelt sich nach deren Vorbild. Der Charakter der Ammen und Erzieher spiegelt sich später im Verhalten der jungen Männer ...

Vor allem sei ihre Ernährung einfach, ihre Kleidung schlicht, und ihre ganze Lebensweise soll der ihrer Altersgenossen entsprechen. Wen man von Anfang an daran gewöhnt hat, mit vielen auf gleicher Stufe zu stehen, der wird nicht in Wut geraten, wenn ihm einmal ein anderer gleichgestellt wird.

De ira 2,21,8–11

Wenn ich Attalus gegen die Laster, Verirrungen und Übel des Lebens sprechen hörte, ergriff mich jedenfalls oft Mitleid mit der ganzen Menschheit ... Wenn er aber anfing, die Armut zu preisen und zu zeigen, wie alles über den notwendigen Bedarf Hinausgehende für den Besitzer eine überflüssige, drückende Last ist, hatte ich wiederholt den Wunsch, die Schule als armer Mann zu verlassen. Wenn er sich daranmachte, unsere Begehrlichkeiten zu analysieren, körperliche Keuschheit zu loben, eine bescheidene Ernährungsweise und eine reine Seele, frei von unerlaubten Begierden, aber auch von überflüssigen, da wünschte ich mir, dem Gaumen und Bauch Schranken zu setzen.

Manches von dem ist mir geblieben, mein Lucilius. Mit großem Schwung nämlich war ich an alles herangegangen, doch nach meiner Rückkehr ins politische Leben habe ich von den guten Vorsätzen nur wenige beibehalten. Seitdem habe ich allerdings mein Leben lang auf Austern und Pilze verzichtet; das sind ja keine Nahrungsmittel, sondern nur Delikatessen, die uns zum Essen nötigen, wenn wir schon satt sind ...

Seither verzichte ich auch, solange ich lebe, auf parfümierte Salben, denn der beste Körpergeruch ist gar keiner. Seither habe ich mir keinen Wein mehr einverleibt. Seither habe ich auch für immer auf das warme Bad verzichtet; den Körper abzukochen und durch heftiges Schwitzen zu entleeren, halte ich für unnütze Verweichlichung. Die anderen Dinge, die ich verworfen hatte, sind zurückgekehrt, aber so, daß ich, mag ich auch nicht enthaltsam leben, doch ein Maß einhalte, das der Enthaltsamkeit sehr nahe kommt. Das ist vielleicht noch schwieriger, weil man ja manches leichter ganz abstellen als maßvoll handhaben kann.

Epistulae ad Lucilium 108,13–16

Sotion pflegte darzulegen, warum Pythagoras kein Fleisch gegessen hatte und warum Sextius später dasselbe tat. Beide hatten einen unterschiedlichen Grund, aber beide einen ehrenwerten. Sextius glaubte, es gebe für den Menschen genügend unblutige Nahrung und man gewöhne sich an die Grausamkeit, wenn man Tiere bloß zum Genuß auseinanderreiße ... Pythagoras dagegen betonte, alles sei mit allem verwandt und es gebe einen Austausch unter den Seelen, die in immer wieder andere Formen übergingen. Keine Seele, schenkt man ihm Glauben, geht zugrunde oder macht auch nur eine Pause, es sei denn für ganz kurze Zeit, bevor sie eine neue Gestalt annimmt ...

Unter ihrem Einfluß fing ich an, kein Fleisch mehr zu essen, und nach Ablauf eines Jahres fiel mir dies nicht bloß leicht, sondern wurde zu einer angenehmen Gewohnheit. Ich hatte den Eindruck, mein Geist sei lebendiger, und ich könnte dir noch heute nicht sagen, ob es wirklich so war. Du fragst, wieso ich das wieder aufgab? Meine Jugend fiel in die Anfangszeit des Kaisers Tiberius. Damals wurden fremdländische Gottesdienste verboten, und der Verzicht auf bestimmte Fleischsorten galt als Beweis des Aberglaubens. Daher nahm ich auf Bitten meines Vaters, der zwar keine verleumderische Anklage fürchtete, aber die Philosophie haßte, meine alte Gewohnheit wieder an. Und es fiel ihm nicht schwer, mich zu besserem Essen zu überreden ...

All das habe ich erzählt, um dir zu zeigen, mit welcher Energie sich junge Menschen zu Beginn ihrer Ausbildung auf alles Gute stürzen, wenn sie nur jemand ermuntert und anspornt.

Epistulae ad Lucilium 108,17–23

Unterrichtsszene auf einem römischen Relief
aus Noviomagus (Neumagen)

Welcher Lehrer aber erweist sich der freien Künste und Wissenschaften würdiger: derjenige, der seine Schüler heftig traktiert, wenn ihr Gedächtnis versagt oder wenn sie zu langsam lesen und steckenbleiben, oder derjenige, der es vorzieht, sie durch Ermunterungen und eine respektvolle Behandlung zu bessern und zu belehren? ...

Ist es etwa richtig, über einen Menschen mit größerer Strenge und Härte zu gebieten als über die vernunftlosen Tiere? Ein Trainer, der sein Handwerk versteht, verschreckt doch auch sein Pferd nicht durch häufiges

Schlagen; es wird nämlich nur scheu und störrisch, wenn man es nicht mit liebevoller Berührung streichelt.

De clementia 1,16,3 f.

Meines Erachtens vergeht sich keiner mehr an der ganzen Menschheit als die Leute, welche die Philosophie wie ein käufliches Handwerk erlernt haben und anders leben, als man nach ihrer Lehre leben muß. Sie demonstrieren nämlich höchstpersönlich die Nutzlosigkeit ihres Faches, da sie jedem Laster, das sie aufs Korn nehmen, selbst verfallen sind. Als Lehrer kann mir so jemand genausowenig nützen wie ein Steuermann, der bei einem Sturm seekrank wird.

Epistulae ad Lucilium 108,36 f.

Ich habe auch bei einem Lehrer keinen Grund zur Verehrung, falls er mich nur zur Schar seiner Schüler rechnete, falls er mich keiner besonderen und individuellen Zuwendung für würdig erachtete, falls er niemals einen Gedanken an mich verschwendete und ich, wenn er sein Wissen ganz allgemein verbreitete, den Stoff nicht eigentlich gelernt, sondern einfach so aufgenommen habe.

De beneficiis 6,16,3

Der andere Lehrer hat, indem er immer wieder dasselbe lehrte, Mühe auf sich genommen und seine Langeweile ertragen. Neben dem, was von den Unterrichtenden für alle gesagt wird, hat er mir manches tropfenweise eingeflößt und beigebracht; dadurch, daß er mich ermunterte, hat er meine guten Anlagen gefördert, mir bald durch sein Lob Mut gemacht, bald durch seine Ermahnungen meine Trägheit vertrieben. Dann hat er an meine versteckten, schlummernden Fähigkeiten gleichsam Hand angelegt und sie ins Licht gezogen. Auch hat er mit seinen Kenntnissen nicht gegeizt, um länger unentbehrlich zu sein, sondern hatte den Wunsch, nach Möglichkeit all sein Wissen weiterzugeben. Ich wäre undankbar, wenn ich diesen Lehrer nicht zu meinen liebsten Freunden zählte und ihn nicht von Herzen schätzte.

De beneficiis 6,16,6 f.

Du möchtest wissen, was ich von den freien Künsten und Wissenschaften halte. Von keiner habe ich eine hohe Meinung, keine, der es ums Geldverdienen geht, rechne ich zu den sittlichen Werten. Es sind bezahlte Fertigkeiten, die insofern nützen, als sie dem Verstand eine erste Schulung geben und ihn nicht etwa hemmen. Freilich darf man sich nur so lange mit ihnen beschäftigen, wie unsere geistigen Fähigkeiten für Größeres noch nicht ausreichen. Sie sind für uns die Anfangsgründe, aber noch keine eigentlichen Aufgaben. Weshalb sie ›freie Künste und Wissenschaften‹ genannt werden, ist einsichtig: weil sie eines freien Mannes würdig sind. Im übrigen ist nur ein einziges Fach wirklich frei, weil es den Menschen frei macht: das Studium der Philosophie, eine erhabene, starke, edle Wissenschaft. Alle anderen Disziplinen sind engstirnig und kindisch ...

Die Grammatik hat es mit der Sprache zu tun und,

wenn sie weiter ausgreifen möchte, mit der Geschichte und äußerstenfalls mit der Dichtung. Was davon ebnet uns den Weg zur sittlichen Vollkommenheit? Das Abzählen der Silben, die Analyse der Wortwahl, die Überlieferung von Sagen, die Gesetzmäßigkeit und das Messen der Verse – was davon nimmt die Angst, tötet die Begierde, zügelt die Lust? ... Willst du tatsächlich lieber wissen, wohin es Odysseus auf seinen Irrfahrten verschlagen hat, als darauf hinwirken, daß wir nicht ständig in die Irre gehen? Wir haben keine Zeit, uns anzuhören, ob er zwischen Italien und Sizilien hin- und hergeworfen wurde oder außerhalb des uns bekannten Erdkreises ... Unsere inneren Stürme treiben uns täglich hin und her, und unsere Schlechtigkeit läßt uns Odysseus' ganze Leidensgeschichte nacherleben ... Was soll die Untersuchung, ob Penelope keusch geblieben ist oder ihre Umwelt zum Narren gehalten hat? ... Lehre mich lieber das Wesen der Ehrbarkeit, welch hohen Wert sie darstellt und ob sie körperlicher oder geistiger Natur ist.

Ich komme zur Musik. Du lehrst mich, wie hohe und tiefe Töne miteinander harmonieren, wie die verschieden klingenden Saiten zu einem Einklang werden – zeige mir lieber, wie meine Seele in sich stimmig wird und wie meine Entschlüsse keinen Mißklang bilden ...

Der Geometer bringt mir lieber bei, wie man Grundstücke vermißt, anstatt mich zu lehren, wie ich ermesse, wieviel für einen Menschen ausreicht ... Was nützt es mir, wenn ich weiß, wie ich mein Land aufteile, es jedoch nicht verstehe, mit meinem Bruder zu teilen?

Was nützt mir die Kenntnis der Sternenwelt? Soll ich mich aufregen, wenn Saturn und Mars in Opposition stehen oder wenn Mercur vor den Augen Saturns am

Abend untergeht? Lieber will ich lernen, daß die Gestirne, wo immer sie stehen, uns gnädig sind und sich nicht wandeln können. Ein ewiges, schicksalbestimmtes Gesetz und eine unabänderliche Bahn bestimmen ihren Lauf; in festem Wechsel kehren sie wieder und sind entweder die Ursachen aller Ereignisse oder ihre Verkünder. Mögen sie nun für alles Geschehen verantwortlich sein – bringt einen die Kenntnis von etwas Unabänderlichem weiter? Mögen sie etwas Bestimmtes ankündigen – was nützt das Vorwissen, wenn man sich doch nicht entziehen kann? Ob du es weißt oder nicht weißt: Es wird eintreffen ...

»Wie also? Tragen die freien Künste und Wissenschaften nichts zu unserer Entwicklung bei?« In mancher Hinsicht eine Menge, aber nichts im Hinblick auf die sittliche Vervollkommnung. Denn auch diese ganz banalen handwerklichen Fähigkeiten haben für die Bewältigung des Alltags eine sehr große Bedeutung, doch für die Sittlichkeit sind sie belanglos. »Weshalb unterrichten wir dann unsere Söhne in diesen Disziplinen?« Nicht weil sie die Tugend vermitteln könnten, sondern weil sie Geist und Seele darauf vorbereiten, die Tugend in sich aufzunehmen.

Epistulae ad Lucilium 88,1–20

Wir verschwenden unseren Scharfsinn an überflüssige Fragen; sie machen uns nicht besser, bloß gelehrter. Die Weisheit ist etwas viel Klareres, ja Einfacheres: Um ein guter Mensch zu werden, bedarf es kaum der Wissenschaft. Doch wie wir uns auch auf anderen Gebieten mit Überflüssigem beschäftigen, so auch gerade in der Philosophie. Wir leiden auch bei unseren wissenschaftlichen

Studien an derselben Maßlosigkeit wie überall sonst. Nicht für das Leben, sondern für die Schule lernen wir.

Epistulae ad Lucilium 106,11 f.

Nur durch eines kann sich der Mensch vervollkommnen: wenn er ein für allemal weiß, was gut und was böse ist. Keine andere Wissenschaft [außer der Philosophie] fragt nach gut und böse.

Epistulae ad Lucilium 88,28

Die Lektüre ist aber für mich, wie ich glaube, unbedingt notwendig: erstens, um mich nicht mit mir allein begnügen zu müssen, zweitens, um mit den Erkenntnissen anderer bekannt zu werden, drittens, damit ich mir über das, was sie herausgefunden haben, ein Urteil bilden und über die noch zu lösenden Fragen nachdenken kann.

Epistulae ad Lucilium 84,1

Achte aber darauf, daß du dich bei der Lektüre vieler Autoren und aller Arten von Büchern nicht verzettelst und deine klare Linie verlierst. Bei bestimmten Geistesgrößen muß man verweilen und sich von ihnen inspirieren lassen, will man von ihnen etwas lernen, was sich dem Kopf dauerhaft einprägen soll ...

Die Menge von Büchern zerstreut einen nur; wenn man daher nicht alles lesen kann, was man hat, reicht es, bloß so viel zu besitzen, wie man zu lesen in der Lage ist. »Aber ich möchte doch«, wirfst du ein, »mal dieses Buch aufschlagen, mal jenes.« Kennzeichen eines verwöhnten Magens ist es, von vielem kosten zu wollen. Dieses bunte Durcheinander von Speisen nährt den Körper nicht, es belastet ihn nur. Lies deswegen stets die anerkannten Autoren, und wenn du einmal Lust hattest, einen Abstecher zu anderen zu machen, so kehre danach zu den früheren zurück. Suche dir täglich etwas Hilfe im Kampf gegen die Armut, gegen den Tod und ebenso gegen die sonstigen Geißeln der Menschheit; und wenn du vieles überflogen hast, nimm dir einen Gedanken heraus, den du an dem Tag ›verdaust‹. Auch ich persönlich mache das so. Aus der Vielzahl dessen, was ich gelesen habe, wähle ich etwas aus und mache es zu meinem Eigentum.

Epistulae ad Lucilium 2,2–5

Was sollen die unzähligen Bücher und Bibliotheken? Ihr Besitzer könnte nicht einmal im Laufe seines ganzen Lebens auch nur die Titel lesen. Eine solche Büchermasse belastet nur den Lernenden, ohne ihn zu belehren. Viel besser wäre es, sich bloß mit wenigen Autoren zu beschäftigen, anstatt eine Vielzahl abzugrasen ... So sind für die meisten Leute, die sich nicht einmal in den Anfangsgründen der Wissenschaften auskennen, die Bücher keine Hilfsmittel fürs Studium, sondern lediglich die Dekoration ihrer Eßzimmer. Daher soll man sich wohl eine ausreichende Zahl von Büchern beschaffen, aber nicht, um damit anzugeben ... Jedes Übermaß ist – egal, wobei – schädlich. Wie solltest du einen Menschen mit Nachsicht betrachten, der Schränke aus Zitrus- und Ebenholz hortet, Werkausgaben unbekannter oder drittrangiger Autoren aufkauft, unter seinen Tausenden von Büchern sich zum Gähnen langweilt und dem die Einbände und Titelblätter seiner Bände am besten gefallen? Bei den größten Faulpelzen wirst du also in deckenhohen Regalen alles finden, was es an veröffentlichten Reden und Geschichtsdarstellungen gibt. Heutzutage legt man sich nämlich – neben Bädern und Thermen – auch eine gepflegte Bibliothek als notwendiges Schmuckstück des Hauses zu.

Ich würde es durchaus verstehen, wenn man aus übergroßer Lust am Studieren solche Irrwege ginge. So aber sammelt man diese Werke der erhabenen Geistesgrößen, versehen mit ihren Bildnissen, nur, um sie zur Schau zu stellen und die Wände damit zu schmücken.

De tranquillitate animi 9,4–7

Nicht so viel, wie du willst, sondern so viel, wie du zu erfassen imstande bist, mußt du dir aneignen. Aber sei nur guten Mutes: Du wirst schon noch so viel Wissen erwerben, wie du möchtest. Je mehr der Geist in sich aufnimmt, desto lernfähiger wird er.

Epistulae ad Lucilium 108,2

Einen Philosophen höre ich, und zwar ist es schon der fünfte Tag, seit ich in seine Vorlesung gehe und ab der achten Stunde seinen Darlegungen lausche. »Im rechten Alter«, wirfst du ein. Wieso sollte es nicht das rechte sein? Gibt es etwas Dümmeres, als bloß deshalb nicht mehr lernen zu wollen, weil man schon lange nicht mehr gelernt hat? »Soll ich mich denn genauso verhalten wie die Snobs und die jungen Burschen?« Es steht wirklich gut um mich, wenn dies das einzige ist, was meinem hohen Alter unangemessen ist. Menschen jeden Alters haben zu dieser Schule Zutritt. »Sollen wir dafür alt werden, um uns an der Jugend ein Beispiel zu nehmen?« Ins Theater soll ich als alter Mann noch gehen, soll mich in den Zirkus tragen lassen, und kein Gladiatorenpaar soll, ohne daß ich zuschaue, auf Leben und Tod kämpfen? Hingegen soll ich erröten, wenn ich einen Philosophen aufsuche?

Man muß so lange lernen, wie man etwas nicht weiß; und wenn wir dem Sprichwort glauben, ein Leben lang. In keiner Hinsicht paßt das besser als in dieser: Wie man leben soll, hat man sein Leben lang zu lernen. Doch auch ich lehre dort etwas. Du fragst, was ich lehre? Daß man auch als alter Mann noch lernen muß.

Ich schäme mich allerdings der ganzen Menschheit, sooft ich zur Vorlesung gehe. Direkt am Theater von Neapel muß man, wie du weißt, vorbeigehen, will man zum Hause des Metronax. Das Theater ist freilich brechend voll, und mit ungeheurem Eifer beurteilt man die Fähigkeiten eines Flötenspielers; auch ein griechischer Tubabläser und ein Ausrufer haben großen Zulauf. Doch an dem Ort, wo man untersucht, was einen guten Mann ausmacht, wo man lernt, gut zu werden, da sitzen nur ganz wenige, und diese haben in den Augen der meisten Leute sonst keine sinnvolle Beschäftigung, der sie nachgehen. Einfaltspinsel und Faulpelze nennt man sie. Mag man ruhig so über mich spotten: Die Beleidigungen von Ahnungslosen muß man sich gelassen anhören, und jemand, der ethische Ziele verfolgt, hat gerade die Verachtung zu verachten.

Epistulae ad Lucilium 76,1–4

Wenn der Geist ständig strapaziert wird, stellt sich eine gewisse Interesselosigkeit und Ermüdung ein. Und wenn Spiel und Spaß nicht von Natur aus eine gewisse Attraktivität ausübten, würden sich die Menschen nicht so stark davon angezogen fühlen. Doch gibt man sich dem zu häufig hin, wird man dem Geist jede Ernsthaftigkeit und alle Kraft nehmen ... Die Gesetzgeber haben Feiertage eingeführt, um die Menschen von Staats wegen zur Fröhlichkeit anzuhalten, indem sie die Beschäftigungszeiten durch gleichsam notwendige Erholungsphasen unterbrachen. Auch bedeutende Männer gönnten sich ... allmonatlich bestimmte Ferientage, manche unterteilten auch jeden Tag in Muße und Pflicht ... Manche legten in der Tagesmitte eine Pause ein und verschoben leichtere Arbeiten auf die Nachmittagsstunden ...

Man muß mit dem Geist behutsam umgehen und ihn immer wieder mal zur Ruhe kommen lassen: Das stärkt und kräftigt ihn. Auch soll man Spaziergänge im Freien unternehmen, damit sich der Geist unter freiem Himmel und in der frischen Luft weiten und erheben kann. Bisweilen werden auch ein Ausritt, eine Reise und eine Ortsveränderung neue Kraft geben, ebenso wie ein geselliges Beisammensein und der Genuß größerer Mengen Weins. Manchmal darf es dabei auch bis zum Rausch kommen, doch sollen wir nicht in ihm versinken, sondern nur ein wenig in ihn eintauchen. Der Wein spült ja die Sorgen fort, berührt die Seele in ihrem Innersten, heilt bestimmte Krankheiten, besonders die Depressionen ... Aber so wie bei der Freiheit, so empfiehlt es sich auch beim Wein, Maß zu halten ... Doch darf man ihm nicht zu oft zusprechen, damit man sich nichts Schlechtes angewöhnt; trotzdem sollte man sich von Zeit zu

Zeit zu Ausgelassenheit und Zwanglosigkeit aufschwingen und für ein Weilchen die freudlose Nüchternheit aufgeben.

De tranquillitate animi 17,5–9

Wie auch immer meine Bücher sein mögen, lies sie so, als suchte ich nach der Wahrheit, als sei ich unwissend und beharrlich auf der Suche. Ich bin freilich von niemandem abhängig, ich trage niemandes Namen. Ich halte viel von dem Urteil großer Männer, behalte aber auch einiges meiner eigenen Entscheidung vor. Denn auch jene haben uns keine endgültigen Lösungen, sondern offene Fragen hinterlassen – vielleicht würden sie das Notwendige herausgefunden haben, hätten sie nicht auch Überflüssiges untersucht.

Epistulae ad Lucilium 45,4

Schließe ich mich also nicht meinen Vorgängern an? Doch, schon; aber ich gestatte mir, auch etwas Neues herauszufinden, etwas zu verändern und etwas nicht zu berücksichtigen. Ich bin nicht ihr Sklave, doch ich halte mich an sie.

Epistulae ad Lucilium 80,1

Alles, was von irgendeinem treffend gesagt worden ist, gehört mir.

Epistulae ad Lucilium 16,7

Du beklagst dich darüber, daß meine Briefe an dich nicht sorgfältig genug formuliert sind. Doch wer redet schon ganz gewählt außer dem, der gespreizt sprechen will? So wie meine Sprache wäre, wenn wir beisammensäßen oder gemeinsame Spaziergänge machten, nämlich ungekünstelt und salopp, so wünsche ich mir auch meine Briefe, die nichts Gesuchtes oder Erzwungenes an sich haben ... Zwar möchte ich, beim Hercules, nicht, daß nüchtern und trocken ist, was über so wichtige Themen gesagt wird (denn auch die Philosophie verzichtet nicht auf Geist), trotzdem darf man auf den Stil nicht so viel Mühe verwenden.

Dies sei unser oberster Grundsatz: Was wir denken, wollen wir sagen, und was wir sagen, wollen wir denken. Die Worte sollen mit dem Leben in Einklang stehen. Der hat sein Versprechen erfüllt, der, sowohl wenn man ihn sieht als auch wenn man ihn hört, ein und derselbe ist ... Unsere Worte sollen nicht unterhalten, sondern nützen. Falls jedoch jemand, ohne sehr zu suchen, über rhetorische Fähigkeiten verfügt, falls sie bereitstehen oder wenig Aufwand erfordern, dann mögen sie eingesetzt werden und die herrlichsten Gedanken unterstreichen: aber eben so, daß sie eher die Ideen als sich selbst in den Vordergrund rücken.

Epistulae ad Lucilium 75,1–5

Ich mag es nicht, mein Lucilius, wenn du wegen der Wortwahl und des Satzbaus zu viele Skrupel hast. Ich weiß Wichtigeres, was dich kümmern sollte: Frage dich, was, nicht wie du schreibst. Und das Entscheidende ist gar nicht das Schreiben, sondern das Denken und daß du dir die Gedanken immer mehr zu eigen machst und ihnen gleichsam deinen eigenen Stempel aufdrückst. Empfindest du die Ausdrucksweise eines Menschen als ängstlich und sehr ausgefeilt, kannst du davon ausgehen, daß auch sein Geist mit ähnlichen Lappalien beschäftigt ist. Ein großer Kopf spricht eher nachlässig und unbekümmert. Alle seine Worte verraten mehr Selbstvertrauen als pedantische Sorgfalt. Du kennst doch diese geschniegelten jungen Leute, mit ölglänzendem Bart und Haar, wie aus dem Ei gepellt. Von ihnen kannst du nichts Starkes, nichts Solides erwarten. Die Sprache entspricht dem geistig-seelischen Bildungsstand. Ist die Redeweise zurechtgestutzt, geschminkt und absichtlich originell, zeigt sie an, daß auch der Sprecher nicht klar und aufrichtig ist und etwas Schlaffes an sich hat. Eine gedrechselte Ausdrucksweise ist für einen Mann keine Zierde.

Epistulae ad Lucilium 115,1 f.

Deshalb müssen wir unseren Geist sorgfältig pflegen: Ihm entspringen die Gedanken, ihm die Worte; er prägt unsere Haltung, unseren Gesichtsausdruck, unseren Gang. Ist er gesund und kräftig, ist auch die Sprache kraftvoll, stark und männlich.

Epistulae ad Lucilium 114,22

VII

Der Mensch in seiner Zeitlichkeit

Ich verordne dir eine Medizin, die nicht nur gegen deine jetzige Krankheit, sondern für das ganze Leben nützt. Verachte den Tod! Wenn wir uns von der Todesfurcht befreien, gibt es nichts mehr, was uns bekümmern könnte.

Epistulae ad Lucilium 78,5

Körper

Was ist der Mensch? Ein Gefäß, das zerbricht, wenn man es nur schüttelt oder rüttelt. Es bedarf keines großen Sturmes, damit du zerspringst; egal, wo du anstößt, du zerbrichst. Was ist der Mensch? Ein schwacher, hinfälliger Körper, nackt, von Natur aus wehrlos, fremder Hilfe bedürftig, allen Kränkungen des Schicksals ausgeliefert ...

Wundern wir uns da noch über den Tod, das Werk eines einzigen röchelnden Atemzuges? Erfordert es etwa viel, einen Menschen zu vernichten? Geruch und Geschmack, Ermattung und langes Wachsein, Trank und Speise, also alles, was zum Leben unbedingt dazugehört, bringt ihm den Tod. Wohin auch immer er sich begibt, stets ist er sich seiner Schwäche bewußt; er erträgt nicht jedes Klima; ein anderes Trinkwasser, ein ungewohnter Luftzug, die geringfügigsten Anlässe und Unannehmlichkeiten lassen ihn krank werden; ein morsches, gebrechliches Wesen, das weinend sein Leben beginnt – und doch: Was für große Stürme erregt mitunter dieses so verachtete Geschöpf, zu welchen Gedanken schwingt es sich, seine Lage vergessend, auf! Unsterbliches, Ewiges wälzt es in seinem Sinn, entwirft Pläne für Enkel und Urenkel; und während der Mensch seine weitreichenden Ziele verfolgt, überwältigt ihn der Tod. Was man ein hohes Alter nennt, ist der Ablauf nur weniger Jahre.

Consolatio ad Marciam 11,3–5

Ich gebe zu, die Liebe zu unserem Körper ist uns angeboren; ich gebe zu, wir haben für sein Wohlergehen zu sorgen: Ich bestreite nicht, daß man auf ihn Rücksicht zu nehmen hat. Aber daß man ihm sklavisch ergeben sein soll, das bestreite ich. Denn derjenige wird vielem gegenüber zum Sklaven, der sich seinem Körper unterwirft, der sich allzu sehr um ihn ängstigt, der alles auf ihn bezieht.

Wir sollten uns nicht so verhalten, als müßten wir unserem Körper zuliebe leben, sondern so, als wären wir ohne den Körper dazu nicht imstande. Eine übertriebene Liebe zu ihm ängstigt und beunruhigt uns, belastet uns mit Sorgen und setzt uns Kränkungen aus. Für jemanden, der zu sehr auf seinen Körper bedacht ist, bedeutet Ehre wenig. Der Leib soll schon sehr gewissenhaft gepflegt werden, aber so, daß man ihn, wenn es die Vernunft, die Würde oder die Treue erfordern, ohne weiteres den Flammen übergeben kann.

Epistulae ad Lucilium 14,1 f.

Diesen Körper liefere ich also dem Schicksal aus, damit es bei ihm auf Widerstand treffe, und ich lasse nicht zu, daß eine körperliche Wunde auf mein Ich übergreift. Das einzige, was an mir Schaden leiden kann, ist der Körper: In dieser schicksalsabhängigen Herberge wohnt ein freier Geist. Niemals wird mich dies Fleisch in Furcht versetzen, niemals mich zur Heuchelei, die eines anständigen Mannes unwürdig ist, verleiten, niemals werde ich diesem armseligen Körper zuliebe lügen. Wenn es mir richtig scheint, werde ich die Verbindung mit ihm lösen. Doch auch jetzt, wo wir noch zusammengehören, sind wir keine gleichberechtigten Partner: Der Geist besitzt alle Rechte. Die Verachtung des eigenen Körpers ist verbürgte Freiheit.

Epistulae ad Lucilium 65,21 f.

Sorge daher vor allem für die Gesundheit des Geistes, dann erst für die des Körpers ... Dumm nämlich, mein Lucilius, und für einen gebildeten Mann völlig unpassend ist das Training der Armmuskulatur, die Stärkung des Nackens und die Kräftigung der Brust. Auch wenn dir die Mastkur deines Körpers gelingt und die Muskelpakete wachsen, wirst du doch an die Kräfte und das Gewicht eines wohlgenährten Ochsen nicht heranreichen. Bedenke dann noch, daß der Geist von einer zu großen Leibesmasse erdrückt wird und seine Beweglichkeit verliert. Halte daher, soweit möglich, deinen Körper schlank und schaffe Raum für den Geist. Wer sich einseitig dem Körper widmet, muß viele Unannehmlichkeiten auf sich nehmen: zunächst das anstrengende Training, das den Geist ganz erschöpft und ihn für konzentrierte und ernsthaftere Studien ungeeignet macht; ferner wird durch die große Nahrungsmenge die Denkfähigkeit beeinträchtigt ... Es gibt einfache und kurze Übungen, die den Körper rasch ermüden und somit Zeit einsparen, was besonders zu berücksichtigen ist: Laufen, Armschwünge mit Gewichten und Sprünge, sowohl Hoch- als auch Weitsprung ... Was auch immer du machst, kehre schnell vom Körper zum Geist zurück; diesen mußt du Tag und Nacht trainieren. Bei dieser Übung bilden Kälte und Hitze keinen Hinderungsgrund, ja nicht einmal das Alter. Sorge für das Gut, das mit den Jahren an Wert gewinnt.

Epistulae ad Lucilium 15,2–5

Ich überlege mir, wie viele ihren Körper trainieren, wie wenige aber ihre geistigen Fähigkeiten; welch großen Zulauf oberflächliche Unterhaltungen, die Schauspiele, haben und wie groß die Einsamkeit bei den Künsten und Wissenschaften ist; wie schwach der Geist bei denen entwickelt ist, deren Arme und Schultern wir bewundern. Vor allem mache ich mir darüber Gedanken: Wenn der Körper durch Training so abgehärtet werden kann, daß er in gleicher Weise Faustschläge und Fußtritte nicht nur eines einzigen Menschen erträgt, daß jemand im glühendheißen Sand die sengende Sonne aushält und blutüberströmt den Tag übersteht – wieviel leichter könnte dann der Geist so gestärkt werden, daß er Schicksalsschlägen ungebeugt standhält und, zu Boden geworfen und mit Füßen getreten, sich wieder erhebt. Denn der Körper hat ja vieles nötig, um bei Kräften zu bleiben. Der Geist indes wächst aus sich selbst, nährt und übt sich selbst.

Epistulae ad Lucilium 80,2 f.

Krankheit

Seitdem man Speisen nicht mehr zu sich nahm, um den Hunger zu stillen, sondern um den Appetit zu reizen, und man tausend verschiedene Rezepte erfand, um die Eßlust anzuregen, wurde die Nahrung, einst ein Mittel gegen den Hunger, zur Belastung der Übersättigten. Daher die Blässe, das Zittern der Muskeln infolge übermäßigen Weingenusses, daher die erbarmungswürdige Magerkeit, eine Folge eher von Magenverstimmungen als von Hunger; daher der unsicher schwankende Gang und das ständige Torkeln, ganz wie bei der eigentlichen Trunkenheit; daher die überall aufgeschwemmte Haut und die Erweiterung des Magens, der sich kaum daran gewöhnen kann, mehr aufzunehmen, als er vermag; daher der vermehrte Fluß gelber Galle, das verfärbte Gesicht, das innerliche Verfaulen, die dürren Finger mit den gichterstarrten Gelenken, die Lähmung fühllos gewordener Nerven oder ihr unablässiges Vibrieren und Zucken. Was soll ich noch reden vom Schwindel im Kopf? Von den Qualen der Augen und Ohren, vom heftig schmerzenden Stechen des Hirns und von den inneren Geschwüren, die sämtliche Körperöffnungen befallen? Außerdem von den zahllosen Formen des Fiebers, das teils anfallartig wütet, teils fast unbemerkt sich entwickelt, teils mit Kälteschaudern und heftigem Schüttelfrost über uns kommt? Was soll ich noch unzählige andere Krankheiten anführen, mit denen wir für unsere Völlerei büßen? ... Erst die Vielzahl der Gerichte zog eine Vielzahl von Krankheiten nach sich ... Daher entsprechen unsere neuen Erkrankungen unserer neuen Art der Lebensführung.

Epistulae ad Lucilium 95,15–19

Folgende drei Dinge lasten auf jeder Krankheit: Furcht vor dem Tod, körperlicher Schmerz, Verzicht auf alle Genüsse. Über den Tod ... will ich nur noch dies eine sagen: Wir fürchten uns nicht vor der Krankheit, sondern vor dem Naturgesetz ... Du wirst sterben, nicht weil du krank bist, sondern weil du lebst. Der Tod wartet auf dich auch nach deiner Genesung. Wenn du wieder gesund wirst, bist du nicht dem Tod, sondern nur der Krankheit entkommen.

Doch nun will ich wieder auf die eigentliche Unannehmlichkeit zu sprechen kommen. Eine Krankheit bringt uns schlimme Schmerzen, doch durch die Pausen kann man sie aushalten. Denn ein bis zum äußersten gesteigerter Schmerz findet ein Ende; niemand kann dauernd starke Schmerzen haben. Aus Liebe zu uns hat es die Natur so eingerichtet, daß der Schmerz entweder erträglich oder kurz ist ... Wird er zu heftig, führt er zu Bewußtlosigkeit und Betäubung. Daher ist es bei entsetzlichem Schmerz ein großer Trost, daß du zwangsläufig nicht mehr spürst, wenn du zu stark unter ihm zu leiden hast. Was ungebildeten Menschen bei körperlichen Qualen so sehr zusetzt, ist dies: Sie sind es nicht gewöhnt, im Geistigen Befriedigung zu finden. Sie waren viel zu viel mit ihrem Körper beschäftigt. Daher entzieht ein großer und kluger Mann dem Körper seine Aufmerksamkeit und befaßt sich mit seinem besseren, dem göttlichen Teil ...

Mach dir dein Leiden nicht selbst schwerer und durch Klagen noch unerträglicher. Leicht ist der Schmerz, wenn die Einbildung ihn nicht vergrößert.

Epistulae ad Lucilium 78,6–13

»Aber die Krankheit verurteilt mich zur Tatenlosigkeit, sie hält mich ab von allen meinen Pflichten.« Die Krankheit betrifft nur deinen Körper, nicht auch deinen Geist. Deshalb hemmt sie wohl den Fuß des Läufers, lähmt die Hand des Schusters oder Schmieds. Doch bist du an geistige Arbeit gewöhnt, kannst du auch jetzt beraten, lehren, zuhören, lernen, forschen und dich erinnern. Was noch? Tust du deines Erachtens wirklich gar nichts, wenn du deine Erkrankung mit Selbstbeherrschung erträgst? Du zeigst so doch, daß man eine Krankheit überwinden oder jedenfalls aushalten kann ... Schau dir selber zu, lobe dich selber!

Epistulae ad Lucilium 78,20

Ein Teil der Heilung war noch immer, geheilt werden zu wollen.

Phaedra 249

Lange hatte mir meine Kränklichkeit eine Pause gegönnt; plötzlich hat es mich wieder getroffen. »In welcher Art?« fragst du. Deine Frage ist völlig berechtigt, zumal mir keine Krankheit unbekannt ist. Trotzdem bin ich für *ein* Leiden gewissermaßen vorbestimmt; ich brauche es nicht mit dem griechischen Namen zu bezeichnen, es kann nämlich treffend genug als ›Atemnot‹ beschrieben werden. Sehr kurz ist der Anfall, gleich einem Sturmwind. Nach etwa einer Stunde ist er vorbei. Denn wer braucht lange, um seinen Geist auszuhauchen? Ich habe schon alle denkbaren körperlichen Beschwerden und Krisen durchlitten, doch kein Leiden scheint mir qualvoller. Wieso nicht? Alles andere, was es auch sein mag, ist Krankheit, dies allerdings ist ein Kampf auf Leben und Tod. Deshalb reden die Ärzte ja auch von einer ›Vorübung des Sterbens‹. Denn irgendwann wird der Atem wirklich das tun, was er schon oft versucht hat.

Glaubst du, ich schreibe dir in heiterer Stimmung, weil ich noch einmal davongekommen bin? Wenn ich mich über das Ende der Erkrankung und gewissermaßen meine Genesung freute, wäre mein Verhalten genauso lächerlich wie das eines Mannes, der meint, er habe seinen Prozeß gewonnen, weil er den Verhandlungstermin hinausgezögert hat.

Ich hingegen habe mich schon während des Erstickungsanfalls immer wieder mit angenehmen und ermutigenden Gedanken beruhigt. »Worum geht es?« sagte ich zu mir. »Will mich der Tod des öfteren prüfen? Er soll es nur machen: Ich habe ihn bereits vor langer Zeit kennengelernt« ...

Das aber kann ich dir versprechen: Ich werde vor dem Tod nicht zittern; ich bin schon auf ihn vorbereitet und rechne am Morgen nicht mehr damit, noch den ganzen Tag zu erleben.

Epistulae ad Lucilium 54,1–7

Manche Leiden müssen freilich so behandelt werden, daß die Kranken nicht wissen, wie es um sie steht. Schon für viele war die Todesursache die Kenntnis ihrer Krankheit.

De brevitate vitae 18,6

Die größte Niederträchtigkeit eines Arztes besteht darin, sich Arbeit zu beschaffen. Viele, die Krankheiten verschlimmert und erst verursacht hatten, um durch ihre Heilung den eigenen Ruhm zu mehren, waren dann nicht in der Lage, sie auszukurieren, oder wurden ihrer nur dadurch Herr, daß sie die unglücklichen Patienten böse mißhandelten.

De beneficiis 6,36,2

Der Arzt hat mehr geleistet, als er zu tun verpflichtet ist: Um mich, nicht um seinen fachlichen Ruf hat er sich geängstigt; er hat sich nicht damit begnügt, mich auf Heilmittel hinzuweisen, er hat mich auch mit ihnen behandelt. Er saß mit den besorgten Angehörigen an meinem Bett, in Krisenzeiten hat er mir beigestanden; keine Hilfeleistung war ihm lästig, vor keiner ekelte er sich. Mein Stöhnen nahm er nicht teilnahmslos hin. Unter den überaus zahlreichen Patienten, die ihn zu sich riefen, lag ihm mein Fall besonders am Herzen; für die anderen nahm er sich nur so viel Zeit, wie es mein Gesundheitszustand zuließ. Ihm bin ich nicht wie einem Arzt, sondern wie einem Freund verpflichtet.

De beneficiis 6,16,4 f.

Wenn ein Arzt lediglich meinen Puls fühlt, wenn er mich zu den Patienten rechnet, die er zur Visite eben aufsucht, und mir ohne jede innere Beteiligung vorschreibt, was ich zu tun und zu lassen habe – einem solchen Arzt bin ich nicht weiter verpflichtet, weil er in mir keinen Freund sieht, sondern einen Käufer.

De beneficiis 6,16,2

Alter

Eine maßvolle Lebensführung kann das Alter in die Länge ziehen; ich glaube zwar nicht, daß es an sich wünschenswert ist, doch soll man es auch nicht ablehnen. Es ist schon reizvoll, möglichst lange in seiner eigenen Gesellschaft zu leben, wenn man es aufgrund eigener Anstrengungen verdient, sich selbst zu genießen ...

Dennoch werden wir fragen, ob die letzte Phase des Lebens nur der Bodensatz oder etwas ganz Reines und Klares ist, unter der Voraussetzung, daß der Verstand ohne Beeinträchtigung arbeitet, die Sinne unversehrt den Körper unterstützen und auch der Körper nicht hinfällig und vorzeitig abgestorben ist. Es macht nämlich einen bedeutenden Unterschied, ob man das Leben verlängern will oder das Sterben.

Epistulae ad Lucilium 58,32 f.

Laßt uns das Alter mit Liebe umfassen! Es ist voller Genüsse, wenn man es zu nutzen weiß. Am besten schmecken die Früchte, wenn sie zur Neige gehen; der Charme der Kindheit ist an ihrem Ende am größten; die Zechenden genießen besonders den letzten Trunk, jenen, der sie versinken läßt und ihren Rausch vollkommen macht; jede Lust spart ihren schönsten Reiz auf bis zum Schluß. Am reizvollsten ist das Lebensalter, das sich schon neigt, doch noch nicht dem Ende entgegenstürzt, und auch jenes, das schon an der Schwelle des Todes steht, hat, wie ich meine, seine eigenen Freuden. Oder gerade das tritt an die Stelle der Genüsse, daß man auf sie alle verzichten kann. Wie wunderbar ist es, seine Leidenschaften gebändigt und hinter sich gelassen zu haben! »Es ist sehr unerfreulich«, sagst du, »den Tod vor Augen zu haben.« Erstens muß ein Greis genauso mit ihm rechnen wie ein junger Mann (wir werden ja nicht nach Altersklassen abberufen); und zweitens ist niemand so alt, daß es unverschämt wäre, auf noch einen Tag zu hoffen ... Gewährt uns die Gottheit noch den morgigen Tag, wollen wir ihn in Freuden annehmen. Der ist wahrhaftig glücklich und sorgenfrei Herr seiner selbst, der das Morgen ohne Bangen erwartet. Wer [abends] sagen kann: »Ich habe gelebt«, der erhebt sich täglich zu seinem Gewinn.

Epistulae ad Lucilium 12,4–9

Rechne mich zu den Altersschwachen, die schon an ihr Ende rühren. Trotzdem kann ich vor dir dankbar sein: Geistig fühle ich keine Beeinträchtigung durch das Alter, körperlich allerdings schon. Nur meine Fehler und ihre Gehilfen sind alt geworden. Der Geist ist frisch und freut sich, nicht mehr viel mit dem Körper zu tun zu haben; einen großen Teil seiner Bürde hat er abgelegt ...

Gibt es denn einen besseren Lebensausgang, als in einem natürlichen Auflösungsprozeß in sein Ende zu gleiten? Nicht als ob ein Schlaganfall und plötzliches Ableben ein Unglück wäre, sondern weil das allmähliche Hinschwinden der sanftere Weg ist. Ich jedenfalls beobachte mich selbst, wie wenn sich der Augenblick der Prüfung näherte und jener Tag gekommen sei, der über alle meine Jahre das Urteil sprechen soll, und sage zu mir: »Nichts ist es, was ich bislang in Wort und Tat geleistet habe ... Wie weit ich es wirklich gebracht habe, werde ich erst dem Tode glauben. Ohne Furcht richte ich mich daher auf jenen Tag ein, an dem ich ohne Tricks und Schönfärberei das Urteil über mich fällen werde: ob ich nur tapfer rede oder auch so fühle, ob es Heuchelei und Theater war, was ich an trotzigen Worten dem Schicksal entgegengeschleudert habe. Berufe dich nicht auf die Meinung der Leute: Sie ist stets unzuverlässig und schwankt hin und her. Berufe dich nicht auf die Studien, die du dein Leben lang getrieben hast. Der Tod wird das Urteil über dich fällen. Ich behaupte: Wissenschaftliche Abhandlungen, gelehrte Gespräche, Kernsätze, zusammengestellt aus den Lehren der Philosophen, und eine gebildete Sprache lassen die wahre Seelenstärke nicht erkennen. Denn auch die größten Feiglinge führen tollkühne Reden. Was du tatsächlich erreicht hast, wird sich dann zeigen, wenn du im Sterben liegst. Ich akzeptiere diese Bedingung, ich schrecke vor dem Urteil nicht zurück.« Epistulae ad Lucilium 26,1–6

Umgang mit der Zeit

Alles Menschliche ist kurz und hinfällig und macht von der unendlichen Zeit keinen Teil aus. Diese Erde mit ihren Städten, Völkern, Flüssen und dem Umfang des Meeres erscheint uns nur als ein Punkt, wenn wir sie mit dem Weltall vergleichen. Unsere Lebenszeit ist noch kleiner als ein Punkt, stellt man sie der gesamten Zeit gegenüber ... Warum ist es also wichtig, das auszudehnen, was, mag sein Zuwachs auch noch so groß sein, sich doch kaum vom Nichts unterscheidet? Nur in einem Fall ist die Zeit, die wir leben, lang: wenn es genug ist. Du magst mir Männer nennen, die lebenskräftig waren und von denen ein hohes Alter überliefert ist, du magst auf 110 Jahre kommen. Richtest du aber den Blick auf die Gesamtheit der Zeit, gibt es zwischen der kürzesten und längsten Lebensdauer keinen Unterschied, sofern du den Zeitraum, den einer lebte, betrachtest und ihn vergleichst mit dem, den er nicht gelebt hat.

Consolatio ad Marciam 21,1–3

Früher schien mir die Zeit nicht so schnell zu vergehen. Jetzt aber kommt es mir so vor, als stürme sie unglaublich schnell dahin; vielleicht weil ich spüre, daß sich das Ende nähert, vielleicht auch, weil ich angefangen habe, auf meine Verluste achtzugeben und sie aufzurechnen. Um so empörter bin ich daher, daß manche Leute den überwiegenden Teil ihrer Zeit, die nicht einmal für das Notwendige ausreichen kann, auch wenn man ganz sorgsam mit ihr umgeht, für Überflüssiges vergeuden. Cicero sagt, selbst wenn man seine Lebenszeit verdoppele, werde er keine Zeit haben, die Lyriker zu lesen. Mir selbst ergeht es so mit den Dialektikern.

Epistulae ad Lucilium 49,4 f.

Weder die Zukunft gehört mir noch die Vergangenheit. Ich hänge an einem Augenblick der flüchtigen Zeit, und es ist schon viel, wenn man mit ihr maßvoll war. Sehr hübsch antwortete jener weise Laelius auf die Äußerung eines Mannes, der sagte: »Ich habe 60 Jahre.« – »Du meinst wohl die 60 Jahre, die du nicht mehr hast.«

Naturales quaestiones 6,32,10 f.

Die meisten Menschen, mein Paulinus, beklagen sich über die Mißgunst der Natur, weil wir nur für eine kurze Zeitspanne auf die Welt kommen, weil die uns gegebene Frist so rasch, so eilig verfliegt, daß das Leben die Menschen, von nur wenigen Ausnahmen abgesehen, bereits verläßt, während sie sich noch darauf vorbereiten. Und über dies, wie man meint, allgemeine Unglück jammerte nicht nur die breite Masse und das unwissende Volk. Diese Stimmung rief auch die Klagen berühmter Männer hervor. Daher erklärt sich auch der Ausruf [des Hippokrates,] des größten aller Ärzte: »Kurz ist das Leben, lang ist die Kunst.« ... Aber wir haben keine kurze Zeitspanne, sondern viel davon vergeudet. Das Leben ist lang genug und zur Vollendung der bedeutendsten Taten reichlich bemessen, falls es nur insgesamt gut verwendet würde. Doch sobald es in Genußsucht und Nachlässigkeit zerfließt, sobald es für nichts Gutes eingesetzt wird, merken wir erst unter dem Zwang der letzten Notwendigkeit – vorher haben wir nicht erkannt, daß es dahinging –, es ist endgültig vergangen.

De brevitate vitae 1,1–4

Du willst wissen, wie die einzelnen Tage, und zwar in ihrer vollen Länge, bei mir ablaufen. Du hast eine gute Meinung von mir, wenn du annimmst, ich hätte dir dabei nichts zu verbergen ...

Der heutige Tag ist in sich geschlossen, keiner hat mir etwas von ihm entrissen. Er war ganz zwischen Bettruhe und Lektüre aufgeteilt; sehr wenig Zeit wurde auf die körperliche Ertüchtigung verwendet, und in dieser Hinsicht bin ich meinem Alter dankbar: Sport kostet mich nicht viel. Kaum habe ich mich bewegt, bin ich müde; das aber ist auch für die Kräftigsten Ziel und Ende ihres Trainings. Du fragst nach meinen Trainingspartnern? Mir reicht ein einziger, Pharius, ein, wie du weißt, liebenswerter Junge; doch ich werde ihn austauschen: Ich schaue mich schon nach einem jüngeren um. Dieser hier sagt zwar, wir steckten in derselben Krise, weil uns beiden die Zähne ausfallen. Doch ich kann ihn beim Wettlauf kaum noch einholen, und in ganz wenigen Tagen wird es unmöglich sein ... Wie nun unser heutiger Wettkampf ausgegangen ist, fragst du? Was Läufer selten erleben: Wir liefen ein totes Rennen.

Nach dieser Anstrengung – Training wäre zuviel gesagt – bin ich ins kalte Bad gestiegen: Kalt heißt bei mir lauwarm. Ich war ein so großer Liebhaber des kalten Wassers: Am 1. Januar begrüßte ich immer den Wassergraben und eröffnete das neue Jahr ... feierlich mit einem Sprung in die Aqua Virgo. Zunächst habe ich dann mein Quartier an den Tiber verlegt, darauf zu dieser Wanne, die, wenn ich ganz mutig bin und alles mit rechten Dingen zugeht, nur von der Sonne gewärmt wird. Es fehlt mir nicht mehr viel bis zum warmen Bad. Anschließend trockenes Brot und, ohne mich zu Tisch zu begeben, eine Zwischenmahlzeit, nach der man sich nicht die Hände zu waschen braucht. Ich schlafe ganz kurz. Du kennst meine Gewohnheit: Ich brauche nur sehr wenig Schlaf und spanne gewissermaßen bloß mal aus. Es genügt mir, für ein Weilchen nicht wach gewesen zu sein. Manchmal weiß ich, daß ich geschlafen habe, bisweilen vermute ich es nur.

Epistulae ad Lucilium 83,1–6

»Rufe dir deine Lebenszeit zur Abrechnung in dein Gedächtnis. Rechne nach, wie viel dir davon der Gläubiger, wie viel die Geliebte, wie viel der König, wie viel dein Klient genommen hat, wie viel der Streit mit deiner Frau, wie viel die Züchtigung der Sklaven, wie viel das geschäftliche Hin- und Herrennen in der Stadt; nimm die Krankheiten hinzu, die wir selbst verschuldet haben, und füge auch die Zeit hinzu, die ungenutzt liegenblieb: Du wirst sehen, daß du weniger Jahre hast, als du zählst.

Vergegenwärtige dir noch einmal, wann du dir deiner Entscheidung sicher warst, wie wenige Tage wie geplant verlaufen sind, wann du dich mit dir beschäftigt hast, wann du keine Miene verzogst, wann dein Herz ohne Ängste war, was du in einem so langen Leben geleistet hast, wie viele Leute dir deine Lebenszeit raubten, ohne daß du den Verlust bemerktest, wie viel dir überflüssiger Schmerz, unsinnige Freude, unersättliche Begierde und schmeichelnde Unterhaltung weggenommen haben, wie wenig dir von deiner Zeit geblieben ist: Du wirst erkennen, daß du zu früh stirbst.«

Woran also liegt das? Ihr lebt, als würdet ihr ewig leben; niemals kommt euch eure Gebrechlichkeit in den Sinn. Ihr achtet nicht darauf, wieviel Zeit schon vergangen ist. Ihr verschwendet sie, als wäre sie unerschöpflich, während doch vielleicht gerade der Tag, den man irgendeinem Menschen oder irgendeiner Sache widmet, der allerletzte ist. Alles fürchtet ihr wie Sterbliche, alles wünscht ihr euch wie Unsterbliche.

De brevitate vitae 3,2–4

Das größte Lebenshindernis ist die Erwartung: Abhängig vom Morgen, verliert sie das Heute. Über das, was in der Hand des Schicksals liegt, verfügst du, doch das, was in deiner Hand liegt, läßt du dir entgehen. Wonach hältst du Ausschau? Wonach streckst du dich? Alles Künftige ist ungewiß: Lebe jetzt gleich.

De brevitate vitae 9,1

Hinfällige Greise betteln in ihren Gebeten um die Zugabe weniger Jahre. Sie machen sich selbst jünger. Mit ihrer Lüge schmeicheln sie sich und betrügen sich so gern, als könnten sie damit auch das Schicksal täuschen. Doch wenn sie irgendeine Schwäche an ihre Sterblichkeit erinnert, wie fürchten sie sich dann vor dem Tod, nicht als ob sie aus dem Leben gingen, sondern aus ihm herausgerissen würden. Sie schreien auf, sie seien Toren gewesen, hätten nicht gelebt und daß sie, wenn sie diese Krankheit überstünden, in Muße leben wollten. Erst da wird ihnen die ganze Nutzlosigkeit ihrer Anschaffungen, die sie nicht mehr genießen werden, bewußt und die völlige Vergeblichkeit aller ihrer Anstrengungen.

De brevitate vitae 11,1

Ich wundere mich immer, wenn ich sehe, wie manche Leute um Zeit bitten und sich diejenigen, die darum gebeten werden, ohne weiteres bereitfinden. Beide schauen auf den Grund für die Bitte um Zeit, auf die Zeit selbst aber keiner: so als würde nichts erbeten, nichts gewährt. Man spielt mit dem Wertvollsten, was es gibt.

De brevitate vitae 8,1

Mache es so, mein Lucilius: Entlasse dich selbst in die Freiheit und sammle und bewahre die Zeit, die dir bisher geraubt oder heimlich gestohlen wurde oder einfach so entglitt. Sei überzeugt, es ist schon so, wie ich schreibe: Manche Zeiten werden uns entrissen, andere entzogen und wieder andere verrinnen. Doch am schimpflichsten ist der Verlust, der durch Nachlässigkeit verursacht wird. Und wenn du einmal genauer hinschaust: Ein großer Teil des Lebens entgleitet den Menschen, indem sie Verwerfliches tun, der größte, indem sie gar nichts tun, und das ganze Leben, indem sie etwas tun, was zu ihrer Person keinen Bezug hat. Wen kannst du mir zeigen, der in der Zeit einen Wert sieht, der den einzelnen Tag zu schätzen weiß, der begreift, daß er täglich stirbt? Darin nämlich täuschen wir uns, daß wir den Tod nur vor uns sehen: Ein großer Teil von ihm ist schon Vergangenheit. Alle Lebenszeit, die hinter uns liegt, gehört dem Tod.

Tu also das, mein Lucilius, was du, wie du schreibst, bereits tust: Halte alle Stunden fest. Auf diese Weise wirst du, wenn du das Heute in die Hand nimmst, vom Morgen weniger abhängig sein. Während das Leben aufgeschoben wird, geht es vorüber. Alles, Lucilius, gehört den anderen, nur die Zeit gehört uns. Die Natur hat uns dieses eine flüchtige und leicht entgleitende Gut als Besitz gegeben; daraus lassen wir uns von jedem vertreiben, der es will. Und so groß ist die Beschränktheit der Menschen, daß sie sich die geringfügigsten und wertlosesten, gewiß aber ersetzbaren Dinge, die sie von jemandem bekommen haben, als Schuld anrechnen lassen; hingegen ist niemand, der Zeit erhalten hat, der Meinung, er sei etwas schuldig. Dabei ist sie doch das einzige, was nicht einmal der Dankbare zurückgeben kann.

Epistulae ad Lucilium 1,1–3

Du kannst sehr viele sagen hören: »Mit 50 werde ich mich ins Privatleben zurückziehen, mit 60 werde ich alle Verpflichtungen aufgeben.« Und wer garantiert dir denn ein längeres Leben? Wer wird es zulassen, daß dies alles so geht, wie du es dir einteilst? Schämst du dich nicht, für dich nur den Lebensrest zu reservieren und bloß die Zeit für deine geistige Besinnung vorzusehen, die sich für nichts anderes mehr verwenden läßt? Wie spät ist es, erst dann mit dem Leben anzufangen, wenn man es beenden muß? Wie töricht ist es, seine Sterblichkeit zu vergessen und seine vernünftigen Entschlüsse auf das 50. und 60. Lebensjahr zu verschieben und das Leben in einem Alter zu beginnen, das nur wenige erreicht haben?

De brevitate vitae 3,5

In der Hoffnung auf Künftiges sind wir undankbar für das Empfangene, als ginge nicht auch das, was sein wird, dann, wenn es uns zuteil wurde, sogleich in die Vergangenheit über. Dem Genuß an den Dingen zieht zu enge Grenzen, wer sich nur über das Gegenwärtige freut: Sowohl die Zukunft als auch die Vergangenheit bringen Freude, jene durch die Erwartung, diese durch die Erinnerung; aber das eine hängt in der Schwebe und kann auch nicht eintreten, während das andere nicht mehr verloren gehen kann.

Epistulae ad Lucilium 99,5

Was zu erdulden hart war, dessen sich zu erinnern ist süß.

Hercules 656 f.

Wir sollten uns innerlich so einstellen, als sei das Ende schon ganz nahe. Schieben wir nichts auf! Rechnen wir täglich mit dem Leben ab! Der größte Fehler des Lebens ist, daß es stets unvollendet bleibt, daß immer etwas hinausgezögert wird. Wer täglich letzte Hand an sein Leben legt, ist unabhängig von der Zeit. Doch aus der Zeitnot erwächst die Angst und das die Seele verzehrende Verlangen nach Zukunft ...

Wenn ich jedoch alles, was ich mir schuldig war, geleistet habe, wenn ich, innerlich ganz gefestigt, weiß, daß es keinen Unterschied gibt zwischen einem Tag und einem Jahrhundert, dann schaue ich von oben auf alle noch kommenden Tage und Geschehnisse und denke mit heiterem Lächeln an den Strom der Zeiten ... Darum, mein Lucilius, fang gleich zu leben an und betrachte jeden Tag als ein ganzes Leben! Wer sich so gerüstet hat, wer täglich ein erfülltes Dasein führt, der ist frei von Sorge. Den Menschen, die auf die Hoffnung hin leben, entgleitet die unmittelbare Gegenwart, Gier stellt sich ein und die erbärmlichste Furcht, die auch alles andere erbärmlich macht, die Furcht vor dem Tode.

Epistulae ad Lucilium 101,7–10

Tod und Unsterblichkeit

Was spielt es nun für eine Rolle, wie bald du aus dem Leben scheidest, wenn du sowieso einmal gehen mußt? Nicht einem langen Leben muß unsere Sorge gelten, sondern einem befriedigenden. Denn um lange zu leben, bedarf es der Gunst des Schicksals, um befriedigend zu leben, der richtigen inneren Einstellung. Lang ist das Leben, wenn es erfüllt ist. Es erfüllt sich aber, wenn der Geist seine spezifischen Anlagen entwickelt und Herr seiner selbst geworden ist. Was nützen einem Menschen 80 in Untätigkeit verbrachte Jahre? Er hat nicht gelebt, sondern sich auf Erden aufgehalten, und er ist nicht spät gestorben, sondern lange ... Ein anderer ist in jungen Jahren gestorben. Doch er hat seine Pflichten, die eines guten Bürgers, guten Freundes und guten Sohnes, erfüllt. Nirgends hat er versagt. Mag auch sein Lebensalter unvollkommen sein, sein Leben ist vollkommen.

Epistulae ad Lucilium 93,2–4

Wenn es daher das größte Glück ist, nicht geboren zu werden, ist es, denke ich, das zweitgrößte, nach einem kurzen Leben rasch in die Vollkommenheit zurückzukehren.

Consolatio ad Marciam 22,3

Niemand ist so ahnungslos, nicht zu wissen, daß er eines Tages sterben muß. Doch wenn es soweit ist, sucht er nach Ausflüchten, zittert, klagt. Erscheint dir nicht der als ein ausgemachter Dummkopf, der darüber weint, daß er vor 1000 Jahren noch nicht gelebt hat? Genauso dumm ist der, welcher darüber Tränen vergießt, daß er in 1000 Jahren nicht mehr leben wird. Es kommt aufs gleiche hinaus: Du wirst nicht sein, und du bist nicht gewesen. Beide Zeiträume haben nichts mit uns zu tun. Du bist auf den gegenwärtigen Augenblick verwiesen worden; falls du ihn ausdehnen könntest, wie weit willst du es tun? Warum weinst du? Warum hast du Wünsche? Vergebliche Mühe!

> Hör auf zu hoffen, betend den Willen der Götter zu beugen.

Die Ratschlüsse der Götter sind unabänderlich und feststehend und von der großen, ewigen Notwendigkeit bestimmt. Du wirst dahin gehen, wohin alles geht. Was ist für dich daran so unerhört? Unter diesem Gesetz bist du geboren. Dies gilt für deinen Vater, deine Mutter, deine Vorfahren, für alle Menschen vor dir, alle nach dir.

Epistulae ad Lucilium 77,11 f.

Du Unglücklicher, du bist Sklave von Menschen, Sklave von Dingen, Sklave des Lebens; denn das Leben ist, wenn die rechte Einstellung zum Sterben fehlt, nichts als Sklaverei. Oder hast du noch etwas, das du dir erhoffst? Gerade die Genüsse, die dich zögern lassen und zurückhalten, hast du ausgekostet; keiner ist dir neu, keiner ist dir nicht bereits widerwärtig infolge deiner Übersättigung. Du weißt, wie Wein schmeckt und wie Met. Es ist völlig belanglos, ob 100 oder 1000 Amphoren durch deine Blase laufen. Du bist ein Filter. Den Geschmack der Auster, den Geschmack der Meerbarbe kennst du bestens: Nichts hat deine Genußsucht ausgelassen und dir für künftige Jahre aufgehoben. Und doch ist es gerade dies, wovon du dich so ungern losreißt. Gibt es noch etwas anderes, dessen Verlust dich schmerzen könnte? Freunde? Verstehst du dich denn darauf, ein Freund zu sein? ... Die Sonne? Die würdest du, falls du es könntest, auslöschen; denn hast du je etwas getan, was ihres Lichtes würdig wäre? ... »Aber ich«, sagt einer, »ich will leben, weil ich viel Ehrenwertes tue; nur widerwillig gebe ich die Pflichten des Lebens auf, denen ich so zuverlässig und fleißig nachkomme.« Wie denn? Du weißt nicht, daß zu den Pflichten des Lebens auch das Sterben gehört? Du entziehst dich keiner Pflicht. Es ist keine bestimmte Zahl festgelegt, die du erfüllen mußt ...

Wie im Theater, so im Leben: Es kommt nicht darauf an, wie lange, sondern wie gut die Aufführung ist. Es ist völlig unwichtig, wann man aufhört. Wo immer du willst, da mach Schluß. Nur setze ein gutes Ende.

Epistulae ad Lucilium 77,15–20

Wer nicht sterben will, der wollte auch nicht leben; denn das Leben ist uns mit der Auflage des Todes gegeben; zu ihm führt der Weg.

Epistulae ad Lucilium 30,10

Wenn wir die Gründe für unsere Angst analysieren wollen, werden wir herausfinden, daß die einen wirklich, die anderen nur eingebildet sind. Nicht den Tod fürchten wir, sondern den Gedanken an den Tod.

Epistulae ad Lucilium 30,17 f.

Daß der Tod etwas Furchtbares an sich hat und daher uns, die wir von Natur aus zur Selbstliebe bestimmt sind, verletzt, zieht niemand in Zweifel. Es wäre sonst ja nicht nötig, sich darauf vorzubereiten und einzustellen, wenn man ihm aufgrund eines natürlichen Triebes entgegenginge, so wie alle Menschen nach Selbsterhaltung streben ...

Kleine Kinder und Geistesgestörte haben keine Angst vor dem Tod, und es wäre doch sehr beschämend, sollte uns unsere Vernunft nicht zu dieser inneren Ruhe verhelfen, zu der andere die Unvernunft hinführt.

Epistulae ad Lucilium 36,8–12

Der Tod gehört zu den Dingen, die zwar keine Übel sind, aber doch so aussehen. Die Eigenliebe und der Wille zum Weiterleben und zur Selbsterhaltung sind uns angeboren, genauso wie der Abscheu vor der Auflösung... Denn allem Anschein nach beraubt uns der Tod vieler Güter und nimmt uns eine Fülle von Annehmlichkeiten, an die wir gewohnt sind. Auch das läßt uns vor dem Tod zurückschrecken, daß wir diese unsere Welt kennen, jedoch nicht wissen, wie das Jenseits beschaffen ist – und vor dem Unbekannten schaudern wir. Zudem gibt es eine natürliche Furcht vor der Finsternis, in die uns, wie man glaubt, der Tod führen wird. Wenn somit der Tod auch zu den gleichgültigen Dingen gehört, läßt er sich trotzdem nicht einfach ignorieren. Es bedarf großer Anstrengung, um seine Seele so zu festigen, daß man den Anblick und die Nähe des Todes ertragen kann. Auf die Todesverachtung muß man viel mehr Gewicht legen, als man es gemeinhin tut. Wir machen uns ja vom Tod mancherlei Vorstellungen; viele kluge Köpfe haben miteinander gewetteifert, um seinen schlechten Ruf noch zu steigern. Man hat ihn als unterirdischen Kerker beschrieben und eine von ewiger Nacht bedeckte Örtlichkeit, wo

> der riesige Wächter des Orcus,
> lagernd in blutiger Höhle auf angenagten Gebeinen,
> mit endlosem Bellen in Schrecken versetzt die blutlosen Schatten.

Selbst wenn du überzeugt bist, dies alles gehöre in das Reich der Fabel und für die Verstorbenen gebe es überhaupt nichts mehr zu befürchten, steigt dann doch eine andere Angst auf: Man fürchtet nämlich, in der Unterwelt zu sein heiße, nirgends mehr zu sein. Angesichts solch schlimmer Vorstellungen, mit denen uns ein langer Aberglaube überschwemmt, dem Tode mutig entgegenzutreten – wäre das nicht rühmenswert, und gehörte das nicht zu den größten Leistungen der menschlichen Seele? Sie wird sich niemals zur sittlichen Vollkommenheit erheben, wenn sie den Tod für ein Übel hält; dahin wird sie sich erst erheben, wenn sie ihn als etwas Gleichgültiges ansieht.

Epistulae ad Lucilium 82,15–17

Tod ist Nicht-Sein. Wie das ist, weiß ich schon: Nach mir wird sein, was vor mir war. Wenn dies qualvoll ist, muß es dies notwendigerweise auch gewesen sein, bevor wir das Licht der Welt erblickten. Jedoch haben wir damals keinerlei Pein empfunden. Ich frage dich: Würdest du jemanden nicht als ausgemachten Dummkopf bezeichnen, sollte er die Ansicht vertreten, einer Öllampe gehe es schlechter, wenn sie erloschen ist, als bevor sie entzündet wird? Auch wir erlöschen und werden neu entzündet. In der Zwischenzeit haben wir manches zu ertragen, aber vorher und nachher herrscht tiefer Frieden. Denn darin, mein Lucilius, täuschen wir uns, falls ich mich nicht irre, daß wir meinen, der Tod folge erst nach dem Leben, während er uns doch sowohl vorausgegangen ist als auch auf uns wartet. Alles, was vor uns war, ist Tod. Denn welchen Unterschied macht es, ob du gar nicht erst zu leben beginnst oder zu leben aufhörst, da doch beides auf ein und dasselbe hinausläuft: nicht zu sein.

Epistulae ad Lucilium 54,4 f.

Entweder vernichtet uns der Tod, oder er erlöst uns. Befreit er uns, bleibt, da uns alle Last genommen ist, das Bessere erhalten; vernichtet er uns, bleibt nichts; Gutes wie Böses ist gleichermaßen dahin.

Epistulae ad Lucilium 24,18

Einer ist als junger Mann gestorben, ein anderer als Greis, ein dritter schon als Kleinkind, welches das Leben nur vor sich sehen durfte: Sie waren alle gleich sterblich, auch wenn der Tod den einen ein längeres Leben zugestand, die anderen in der Blüte ihrer Jahre abrief, bei anderen sogar schon zu Beginn eingriff. Einer ist beim Essen verschieden, ein anderer nicht mehr aus dem Schlaf erwacht, wieder ein anderer bei der Liebe gestorben ... Man mag das Ende mancher als besser, das manch anderer als schlechter bezeichnen; der Tod freilich ist für alle gleich. Es gibt keinen größeren oder kleineren Tod; er hat nämlich bei allen dasselbe Maß: Er beendet das Leben.

Epistulae ad Lucilium 66,42 f.

Ich werde sterben. Damit sagst du doch nur, ich kann nicht mehr krank werden, ich kann nicht mehr gefesselt werden, ich kann nicht mehr sterben.

Epistulae ad Lucilium 24,17

Der Tod hat einen schlechten Ruf. Niemand von denen, die gegen ihn Klage erheben, hat ihn erfahren. Aber es ist doch leichtfertig, etwas zu verurteilen, was man nicht kennt. Dies hingegen weißt du: für wie viele er nützlich ist, wie viele er von Qualen befreit, von Not, Klagen, Martern und Lebensekel.

Epistulae ad Lucilium 91,21

Lieb habe ich dich, Leben, wegen der Wohltat des Todes.

Consolatio ad Marciam 20,3

»Bereite dich auf den Tod vor«, oder wenn der Sinn dieses Wortes uns so besser eingeht: »Es ist etwas Wunderbares, das Sterben zu lernen.« Du hältst es vielleicht für überflüssig, etwas zu lernen, was man nur ein einziges Mal braucht. Gerade deshalb müssen wir uns darauf einstellen: Lernen muß man stets das, von dem sich nicht überprüfen läßt, ob wir es können.

Epistulae ad Lucilium 26,8 f.

Sag mir, bevor ich schlafen gehe: »Es kann sein, daß du nicht mehr aufwachst.« Sag mir, wenn ich wieder aufgestanden bin: »Es kann sein, daß du nicht mehr zum Schlafen kommst.« Sag mir, wenn ich das Haus verlasse: »Es kann sein, daß du nicht zurückkommst.« Sag mir, wenn ich wiederkehre: »Es kann sein, daß du nicht mehr ausgehst.« Du bist im Irrtum, wenn du denkst, bloß bei einer Seereise sei das Leben nur durch eine dünne Wand vom Tod getrennt: An jedem Ort ist der Abstand gleich gering. Nicht überall zeigt sich der Tod so nahe, aber überall ist er genauso nahe.

Epistulae ad Lucilium 49,10 f.

Wir müssen uns eher auf den Tod als auf das Leben vorbereiten. Das Dasein ist mit allem reichlich versehen, doch uns verlangt es nach weiteren Möglichkeiten zum

Leben. Wir haben den Eindruck, als fehle uns etwas, und werden immer diesen Eindruck haben. Doch für ein ausreichend langes Leben sorgen weder Jahre noch Tage, sondern die innere Einstellung. Ich habe, liebster Lucilius, genug gelebt; satt und zufrieden sehe ich dem Tod entgegen.

Epistulae ad Lucilium 61,4

Sei davon überzeugt, dieser Ausspruch eines ganz und gar ungebildeten Menschen ist falsch: »Es ist schön, seines eigenen Todes zu sterben.« Jeder stirbt nur seinen eigenen Tod. Außerdem magst du noch folgendes überdenken: Jeder stirbt an seinem eigenen Tage. Von deiner Zeit verlierst du nichts. Denn die Zeit, die du zurückläßt, gehört nicht dir.

Epistulae ad Lucilium 69,6

Wer wäre von so stolzer und grenzenloser Anmaßung, daß er angesichts dieses zwingenden Naturgesetzes, das alles zu ein und demselben Ende ruft, wünschte, er und die Seinen blieben ausgespart und irgendein Haus möge dem Untergang, der auch dem Weltganzen bevorsteht, entkomme? Sehr tröstlich ist daher der Gedanke, daß einem selber das zustößt, was auch alle Menschen vorher erlitten haben und noch erleiden werden. Deshalb, scheint mir, hat die Natur das Schwerste, was sie über uns verhängt hat, für alle gleich gemacht, damit uns das allen gemeinsame Los über die Grausamkeit des Schicksals hinwegtröstet.

Consolatio ad Polybium 1,3

Es tut mir leid, daß dein Freund Flaccus gestorben ist; trotzdem will ich nicht, daß du dich deinem Schmerz zu sehr überläßt. Daß du erst gar keine Trauer empfinden mögest, wage ich kaum zu verlangen, obwohl ich weiß, es wäre besser. Doch wer wäre zu einer solchen Seelenstärke imstande? Doch nur einer, der sich schon weit über das Schicksal erhoben hat. Auch diesem wird ein Todesfall einen Stich versetzen, aber eben nur einen Stich. Uns hingegen kann man unsere Tränen verzeihen, wenn sie nur nicht zu heftig strömen, wenn wir selbst

Grabmal der Haterier, Rom
Szene mit einer Toten und Klageweibern

(Foto: Deutsches Archäologisches Institut, Rom)

ihnen Einhalt gebieten. Trocken sollen unsere Augen nach dem Verlust eines Freundes nicht bleiben, aber auch nicht überfließen. Weinen darf man, jammern nicht ...

Du fragst nach der Ursache des Jammerns und maßlosen Weinens? Mit unseren Tränen suchen wir nach Beweisen für unsere Sehnsucht, und wir geben unserem Schmerz nicht nach, sondern stellen ihn zur Schau. Niemand ist traurig für sich allein. Welch unselige Dummheit! Es gibt auch eine Art Eitelkeit in der Trauer. »Ich soll also«, sagst du, »meinen Freund vergessen?« Nur eine kurze Erinnerung versprichst du ihm, wenn sie nur so lange dauert wie dein Schmerz. Bald wird irgendeine zufällige Begebenheit dein Gesicht zum Lachen bringen. Ich schiebe das nicht in weite Zukunft, wo jede Sehnsucht nachläßt, wo auch die heftigste Trauer beschwichtigt wird ... Im Augenblick wachst du noch über deinen Schmerz; auch wenn du auf ihn aufpaßt, wird er sich verlieren und um so schneller aufhören, je heftiger er ist.

Laß uns dafür sorgen, daß uns das Andenken an die Menschen, die wir verloren haben, angenehm wird. Niemand erinnert sich gern an etwas, an das er nur mit Qualen denken kann.

Epistulae ad Lucilium 63,1–4

Nichts hat man schneller über als die Trauer; ist sie noch frisch, findet sich ein Tröster und veranlaßt manche Leute zu einem Besuch; ist sie jedoch alt geworden, wird sie verspottet, und das nicht zu Unrecht. Denn entweder ist sie erheuchelt oder dumm.

Epistulae ad Lucilium 63,13

Für das schwerste Unglück wirst du den Verlust eines geliebten Menschen halten, obwohl dies genauso töricht ist, wie darüber zu weinen, daß von den schönen Bäumen, die dein Haus zieren, die Blätter fallen ... Das Schicksal wird dir heute den einen, morgen einen anderen rauben, doch so wie der Fall der Blätter leicht zu ertragen ist, weil das Laub wieder wachsen wird, so ist es auch der Tod der Menschen, die du liebst und in denen du die ganze Freude deines Lebens siehst; denn der Verlust wird ersetzt, auch wenn sie nicht wieder geboren werden. »Aber es werden nicht dieselben sein.« Auch du bleibst nicht derselbe. Jeder Tag, jede Stunde verändert dich. Allerdings tritt bei anderen der Verlust deutlicher zutage, bei dir ist er verborgen, weil er nicht offen erfolgt. Andere werden uns gewaltsam genommen, wir selbst dagegen werden uns heimlich entzogen.

Epistulae ad Lucilium 104,11 f.

»Aber die Sehnsucht nach den Seinen ist doch etwas Natürliches.« Wer bestreitet das, solange sie in Grenzen bleibt? Denn schon bei einer Trennung, nicht erst beim Verlust der liebsten Menschen, empfindet man notwendigerweise Schmerz, und auch den gefestigtsten Menschen befällt Beklommenheit. Aber hier wirkt die bloße Einbildung stärker als das Gebot der Natur. Schau dir einmal an, wie heftig die Sehnsucht bei den vernunftlosen Tieren ist und doch wie kurz: Das Gebrüll der Kühe hört man an einem oder noch einem Tag, und auch das unstete und sinnlose Umherrennen der Stuten dauert nicht länger ... Kein Lebewesen vermißt seine Jungen über längere Zeit; das tut nur der Mensch, der seinen

Schmerz nährt und in seiner Trauer nicht seinen Gefühlen, sondern seinem Willen folgt.

Consolatio ad Marciam 7,1 f.

Der Trauernde vermißt den Menschen, den er geliebt hat. Daß sich dies an sich ertragen läßt, ist offensichtlich; denn auch diejenigen, die fern sind und fern sein werden, beweinen wir nicht, solange sie am Leben sind, obgleich uns mit dem Anblick auch jeder Kontakt mit ihnen genommen ist. Folglich ist es bloß eine Einbildung, die uns quält, und jedes Unglück hat nur so viel Bedeutung, wie wir ihm zugestehen. In unserer Hand liegt also das Heilmittel: Laßt uns denken, die Verstorbenen seien nur abwesend, machen wir uns selbst etwas vor! Wir haben sie gehen lassen, nein, wir haben sie vorausgeschickt, um ihnen bald zu folgen.

Consolatio ad Marciam 19,1

Denke vielmehr daran, daß den Verstorbenen kein Leid mehr erreicht; denn empfände er solches, wäre er nicht tot. Nichts, betone ich, kann den noch schmerzen, der nicht mehr ist ... Doch auch die Tatsache, daß er nicht mehr ist, vermag ihn nicht zu quälen – denn wie könnte man die eigene Nicht-Existenz wahrnehmen?

Epistulae ad Lucilium 99,29 f.

Du klagst, liebe Marcia, dein Sohn habe nicht so lange gelebt, wie er hätte leben können? Woher weißt du denn, ob ein längeres Leben für ihn gut gewesen wäre oder ob ihm nicht gerade mit diesem Tod gedient ist? Kannst du heutzutage irgend jemanden finden, der in so geordneten und sicheren Verhältnissen lebt, daß er für die Zukunft nichts zu befürchten hat? Alles Menschliche schwankt und fließt, und kein Teil unseres Lebens ist so gefährdet und so zart wie der, welcher uns am meisten gefällt. Deswegen muß man gerade den Glücklichsten den Tod wünschen, weil in diesem unbeständigen und verworrenen Leben nur das Vergangene sicher ist.

Consolatio ad Marciam 22,1

Gilt dein Schmerz, falls er überhaupt einen vernünftigen Sinn hat, deinem eigenen Unglück oder dem des Verstorbenen? Bekümmert dich beim Verlust deines Sohnes, daß du keinerlei Freude an ihm hattest oder daß du, hätte er länger gelebt, noch größere Freude an ihm hättest haben können? Solltest du sagen, daß er dir keine Freude gemacht hat, wirst du deinen Verlust als erträglich empfinden. Die Menschen sehnen sich ja kaum nach etwas, woran sie keine Freude und keinen Spaß hatten. Solltest du jedoch zugeben, daß er dich sehr beglückt hat, darfst du dich nicht über das, was dir genommen wurde, beklagen, sondern mußt dankbar sein, daß es dir zuteil wurde.

Consolatio ad Marciam 12,1 f.

Das Verweilen auf Erden ist nur ein Vorspiel für das längere, bessere Leben. Wie uns der mütterliche Leib zehn Monate lang umschließt und uns nicht auf sich, sondern auf den Ort vorbereitet, in den wir entlassen werden, wenn wir fähig sind, selbst zu atmen und im Freien zu überleben, so reifen wir auch in dieser Spanne zwischen Kindheit und Greisenalter heran für eine andere Geburt. Ein anderer Anfang wartet auf uns, eine andere Form des Daseins. Noch können wir den Himmel nur aus dem Abstand ertragen. Schau deshalb ohne Furcht auf jene entscheidende Stunde: Sie ist nicht die letzte für die Seele, nur für den Körper ...

Dieser Tag, vor dem es dir graut, als wäre es der letzte, ist der Geburtstag der Ewigkeit. Wirf deine Last von dir. Was zögerst du, als ob du nicht auch schon früher den Leib, der dich barg, verlassen hättest? Du zauderst, du sträubst dich. Doch auch damals wurdest du unter großen Anstrengungen deiner Mutter auf die Welt gebracht. Du seufzt, du weinst? Auch gerade dies Weinen gehört zur Geburt, doch damals durfte man es verzeihen; denn du kamst unwissend und ohne alle Erfahrung ... Jetzt hingegen ist es nicht mehr neu für dich, dich von dem zu trennen, dessen Teil du zuvor warst; verzichte ganz gelassen auf die schon überflüssigen Glieder und lege diesen lange bewohnten Körper ab. Er wird zerfallen, wird begraben und vernichtet werden. Warum macht dich das traurig? Das ist der Lauf der Dinge ...

Doch einmal werden dir die Geheimnisse der Natur enthüllt werden, die Dunkelheit wird sich teilen, und von allen Seiten wird helles Licht hereinbrechen. Stell dir vor, wie strahlend der Glanz sein wird, wenn so viele Sterne ihr Licht vereinen. Kein Schatten wird die Heiterkeit trüben. Alle Teile des Himmels werden im selben

Lichte leuchten. Tag und Nacht wechseln nur in der untersten Luftschicht einander ab. Dann wirst du sagen, du habest in der Finsternis gelebt, wenn du mit deinem ganzen Ich das volle Licht erblickst, das du nun durch den engen Spalt deiner Augen nur gedämpft wahrnimmst; und dennoch bewunderst du es schon jetzt aus der Ferne. Wie wird dir das göttliche Licht erst erstrahlen, wenn du es an der Stätte seiner Heimat siehst!

Epistulae ad Lucilium 102,23–28

Du hast daher keinen Grund, zum Grab deines Sohnes zu laufen: Das Schlechteste und das ihm Lästigste liegen dort, Knochen und Asche, äußere Dinge, ebensowenig Teile von ihm wie die Kleidung und andere Hüllen des Körpers. Er selbst ist unversehrt; nichts von seinem wahren Sein auf Erden zurücklassend, ist er entflohen und heil von dannen gegangen; kurze Zeit hat er noch über uns geweilt, solange er sich läuterte und sich von den Fehlern, die ihm anhafteten, und von allen Unreinheiten des sterblichen Daseins befreite; dann wurde er in die himmlischen Höhen erhoben und wandelt nun unter den Seligen. Aufgenommen hat ihn eine heilige Schar ..., und unter denen, die das Leben verachteten und dem Tod ihre Freiheit verdanken, ist auch dein Vater, Marcia. Obwohl dort alle mit allen verwandt sind, nimmt er seinen Enkel, der sich freut über das neue Licht, an seine Seite, belehrt ihn über die Bahnen der Nachbargestirne und führt ihn ... gerne ein in die Geheimnisse der Natur. Und wie einem Fremden in unbekannten Städten ein Führer willkommen ist, so ist er für deinen Sohn, der nach den Ursachen der Himmelserscheinungen fragt, ein dort heimischer Erklärer. Er heißt ihn den Blick senken auf die irdischen Tiefen; es ist nämlich schön, aus der Höhe auf das Zurückgelassene hinabzuschauen. Verhalte dich, liebe Marcia, daher so, wie wenn dein Vater und dein Sohn auf dich herabblickten, nicht die, die du kanntest, sondern viel erhabenere und in höchste Höhen entrückte Wesen. Erröte darüber, etwas Niedriges oder Gemeines zu tun und deine zum Besseren gewandelten Lieben zu beweinen.

Consolatio ad Marciam 25,1–3

Selbstmord

Das Leben darf, wie du weißt, nicht immer festgehalten werden. Denn zu leben ist noch kein Gut, sondern erst: gut zu leben ...
  Doch wirst du sogar Lehrer der Philosophen finden, die bestreiten, daß man seinem Leben Gewalt antun dürfe, und die es für einen Frevel halten, sich eigenhändig zu töten: Man habe auf das Ende zu warten, das die Natur einem bestimmt hat. Wer so redet, sieht nicht, daß er sich den Weg in die Freiheit versperrt: Nichts hat das ewige Gesetz so gut eingerichtet wie die Tatsache, daß es allen zwar nur eine einzige Möglichkeit, ins Leben einzutreten, gegeben hat, aber viele Möglichkeiten, es zu verlassen. Soll ich die Grausamkeit einer Krankheit oder eines Menschen abwarten, obwohl ich einen Ausweg mitten durch die Folterungen habe und alles Unglück abschütteln kann? Aus einem einzigen Grund können

wir uns über das Leben nicht beklagen: Es hält niemanden fest. Um die menschlichen Angelegenheiten ist es gut bestellt, weil jeder nur aus eigener Schuld unglücklich ist. Gefällt dir das Leben? Dann lebe! Gefällt es dir nicht? Du darfst dahin zurückkehren, von wo du gekommen bist.

Epistulae ad Lucilium 70,4–15

Nach beiden Seiten hin müssen wir freilich ermahnt und gestärkt werden: das Leben weder allzu sehr zu lieben, noch es allzu sehr zu hassen. Auch wenn die Vernunft uns anrät, ein Ende zu machen, darf der Entschluß nicht unüberlegt oder überstürzt gefaßt werden. Ein tapferer und weiser Mann sollte aus dem Leben nicht fliehen, sondern scheiden. Und vor allem muß auch die seelische Gestimmtheit, die viele Menschen beherrscht, vermieden werden: die Sehnsucht nach dem Tod. Es gibt ja, mein Lucilius, wie zu vielem anderen auch, eine unbedachte Neigung zum Sterben, die häufig die edelsten und intelligentesten Männer ergreift, häufig jedoch auch die energie- und mutlosen. Diese verachten das Leben, jene leiden unter ihm. Manche empfinden auch Überdruß, immer dasselbe zu sehen und zu tun; sie empfinden keinen Haß auf das Leben, sondern Ekel ... Es gibt viele, die das Leben nicht für hart halten, wohl aber für überflüssig.

Epistulae ad Lucilium 24,24–26

Nichts scheint mir schimpflicher, als sich den Tod zu wünschen. Denn wenn du leben willst, warum wünschst du dir dann zu sterben? Und wenn du nicht mehr leben willst, weshalb bittest du die Götter um etwas, was sie dir schon bei deiner Geburt mitgegeben haben? So wie nämlich feststeht, daß du einmal, auch gegen deinen Willen, sterben wirst, so liegt andererseits der Zeitpunkt, den du möchtest, in deiner Hand. Das eine – sterben – mußt du, das andere – der Termin – steht dir frei.

Epistulae ad Lucilium 117,22

Schon oft nahm ich einen Anlauf, mein Leben zu beenden; aber das hohe Alter meines überaus gütigen Vaters hielt mich stets zurück. Ich war mir nämlich bewußt, daß ich zwar tapfer sterben könnte, er aber nicht in der Lage wäre, den Verlust tapfer zu ertragen. Daher habe ich mir befohlen, weiterzuleben. Am Leben zu bleiben ist mitunter ja auch eine tapfere Tat.

Worin ich damals Trost fand, will ich dir sagen, doch zunächst feststellen, daß gerade das, was mich wieder beruhigte, wie eine Arznei gewirkt hat. Zum Heilmittel werden gute Tröstungen, und alles, was den Geist aufrichtet, nützt auch dem Körper: Unsere wissenschaftlichen Studien haben mich geheilt; der Philosophie schreibe ich es zu, daß ich mich wieder erhoben habe, daß ich wieder gesund geworden bin. Ich verdanke ihr mein Leben, und nichts Geringeres als das.

Zu meiner Genesung haben jedoch auch meine Freunde viel beigetragen: Ihre Ermunterungen, ihre Nachtwachen, ihre Gespräche haben mich aufgerichtet. Nichts, mein Lucilius, bester aller Männer, stärkt und stützt einen Kranken so sehr wie die Zuneigung seiner Freunde, nichts läßt einen so leicht das angstvolle Warten auf den Tod vergessen. Ich war der Meinung, ich würde nicht sterben, da doch sie mich überlebten. Ich glaubte, das betone ich, daß ich zwar nicht mit ihnen leben würde, wohl aber durch sie. Ich hatte den Eindruck, meinen Geist nicht auszuhauchen, sondern weiterzugeben. Dies alles weckte in mir den Willen, mir selbst zu helfen und jede Qual zu ertragen. Andernfalls wäre es sehr erbärmlich, wenn man den Entschluß zu sterben aufgegeben hat, dann keinen Mut zum Leben zu haben.

Epistulae ad Lucilium 78,2–4

Habe ich nicht schon viele gesehen, die sich das Leben genommen haben? Allerdings habe ich das; doch größere Bedeutung haben für mich diejenigen, die dem Tod ohne Lebenshaß entgegengehen und ihn zulassen, nicht herbeiholen.

Epistulae ad Lucilium 30,15

Ich werde auf das Altwerden nicht verzichten, falls es mir meine Kräfte in vollem Umfang bewahrt, damit meine ich: meine besseren. Sollte das Alter jedoch beginnen, an meinem Verstand zu rütteln und ihn in Teilen zu zerstören, wenn ich nicht mehr lebe, sondern nur noch dahinvegetiere, dann werde ich mit einem Sprung diese morsche, brüchige Behausung verlassen. Vor einer Krankheit werde ich mit Hilfe des Todes nicht fliehen, vorausgesetzt, sie ist heilbar und beeinträchtigt nicht meine geistige Verfassung. Auch wegen eines Schmerzes werde ich nicht Hand an mich legen. Weiß ich hingegen, daß ich diesen Schmerz andauernd ertragen muß, werde ich aus dem Leben gehen, nicht seinetwegen, sondern weil er mich an allem hindern würde, was das Leben lebenswert macht. Ein schwächlicher Feigling ist, wer wegen seines Schmerzes stirbt, ein Dummkopf, wer dem Schmerz zuliebe weiterlebt.

Doch ich werde weitschweifig. Und zudem ist das ein Thema, das einen ganzen Tag beanspruchen könnte. Und wie will einer mit seinem Leben Schluß machen können, wenn er schon bei einem Brief kein Ende findet? Also lebe wohl. Das wirst du lieber lesen als das ständige Gerede vom Tod und immer wieder Tod.

Epistulae ad Lucilium 58,35–37

So wie ein längeres Leben nicht unbedingt ein besseres ist, so ist ein längeres Sterben in jedem Fall ein schlechteres. Nirgends müssen wir mehr als beim Tod unseren Gefühlen folgen. Man soll aus dem Leben gehen, wie einem zumute ist. Ob man zum Dolch greift oder zur Schlinge oder zum Gifttrank, der die Adern durchströmt, man soll fortfahren und die Fesseln der Knechtschaft sprengen! Sein Leben muß jeder auch vor anderen verantworten, seinen Tod nur vor sich selbst: Am besten ist der Tod, der einem zusagt. Gedanken folgender Art sind dumm: »Jemand wird sagen, ich hätte zu wenig tapfer gehandelt, ein anderer: zu unüberlegt, und ein dritter, es hätte eine mutigere Todesart gegeben.« Denke vielmehr daran, daß in deinen Händen eine Entscheidung liegt, die mit dem guten Ruf nichts zu tun hat! Schau nur darauf, dem Schicksal möglichst schnell zu entkommen. Es wird sowieso Leute geben, die deine Tat verurteilen.

Epistulae ad Lucilium 70,12 f.

Wem es seine Notlage noch erlaubt, der soll sich nach einem sanften Lebensende umsehen; wem mehrere Möglichkeiten in die Freiheit zur Verfügung stehen, der möge eine Wahl treffen und sich überlegen, wie er sich am besten befreien kann. Wer keine günstige Gelegenheit findet, der greife zum nächstbesten Mittel, sei es auch unerhört, sei es auch neu. Wer den Mut zum Sterben hat, dem wird schon irgend etwas einfallen.

Epistulae ad Lucilium 70,24

Wohin du auch blickst, überall findest du ein Ende deiner Leiden. Siehst du jenen Steilhang? Dort hinunter geht man in die Freiheit. Siehst du da das Meer, den Fluß, den Brunnen? Dort sitzt in der Tiefe die Freiheit. Siehst du jenen Baum, niedrig, dürr, ohne Früchte? An ihm hängt die Freiheit. Siehst du deine Kehle, deine Gurgel, dein Herz? Es sind Möglichkeiten, der Knechtschaft zu entfliehen ... Du fragst nach einem Weg zur Freiheit? Jede beliebige Ader in deinem Körper führt zum Ziel.

De ira 3,15,4

VIII

Affekte, Laster, Leidenschaften

Ich werde euch auch gegen euren Willen Nützliches sagen. Endlich einmal soll ein schonungsloses Wort zu euch dringen; und weil ihr ja einzeln die Wahrheit nicht hören wollt, sollt ihr sie öffentlich hören.
Epistulae ad Lucilium 89,19

Definitionen

Affekte sind verwerfliche, plötzlich auftretende heftige Erregungen der Seele, die, wenn sie häufig sind und nicht beachtet werden, eine Krankheit hervorrufen, genauso wie eine einzige, noch nicht chronisch gewordene Erkältung zum Husten führt, eine ständige und lange bestehende aber zur Schwindsucht.

Epistulae ad Lucilium 75,12

Nichts von dem, was unsere Seele zufällig erregt, darf als Leidenschaft bezeichnet werden. Solche Empfindungen kommen mehr über die Seele, als daß sie diese selbst hervorruft. Es ist also kein Affekt, wenn man bei Sinneseindrücken in Erregung gerät, sondern ein Affekt ist dann gegeben, wenn man sich diesen Eindrücken überläßt und diesem zufälligen Reiz nachgibt. Denn wenn jemand Erbleichen, Aufkommen von Tränen, sexuelle Erregtheit, tiefes Seufzen, plötzliches Aufflammen der Augen und Vergleichbares als Indiz für eine Leidenschaft und als Zeichen der seelischen Gestimmtheit hält, so irrt er sich und erkennt nicht, daß dies nur körperliche Reaktionen sind.

De ira 2,3,1 f.

Und damit du weißt, wie Leidenschaften beginnen, wachsen und übermächtig werden: Die erste Erregung ist nicht vom Willen abhängig, sondern gleichsam nur die Anbahnung einer Leidenschaft oder eine Art Drohung. Die zweite Erregung steht mit dem Willen in Verbindung, der aber noch nachgiebig ist ... Die dritte Erregung hat bereits keine Macht mehr über sich ... Jenem ersten seelischen Eindruck können wir uns nicht durch vernünftige Überlegung entziehen, ebensowenig wie den genannten körperlichen Reaktionen ... Aber jene andere Erregung, die durch eine zustimmende Beurteilung entsteht, wird durch das Urteil des Verstandes auch wieder aufgehoben.

De ira 2,4,1 f.

Wer bestreitet, daß alle Leidenschaften einer gleichsam natürlichen Quelle entspringen? Die Natur hat uns mit der Sorge für uns betraut, doch sobald man sie übertreibt, wird sie zum Laster. Ebenso hat die Natur die Befriedigung unserer notwendigen Bedürfnisse mit Lust verbunden, nicht damit wir es auf diese Lust absehen, sondern damit wir dank der Lust das Lebensnotwendige als angenehmer empfinden. Tritt sie indes selbständig auf, wird sie zur Ausschweifung.

Epistulae ad Lucilium 116,3

Jedes vernunftbegabte Lebewesen handelt erst, wenn es durch die Vorstellung einer Tat einen Anreiz erhalten hat, dann sich dazu gedrängt gefühlt und schließlich diesem Drang zustimmt und ihn verstärkt. Was die Zustimmung betrifft, folgendes: Ich muß einen Spaziergang machen. Doch ich werde es erst dann tun, wenn ich es mir gesagt und meine Meinung gutgeheißen habe.

Epistulae ad Lucilium 113,18

Allgemeine Situation

Das haben unsere Vorfahren beklagt, das beklagen wir, das werden unsere Nachkommen beklagen, daß die Sitten verfallen sind, die Niederträchtigkeit herrscht und die Menschheit ins Negative und Verbrecherische jeder Art abgleitet; die Verhältnisse freilich bleiben immer gleich und werden stets gleich bleiben, sie bewegen sich höchstens ein wenig in die eine oder andere Richtung ... Im übrigen werden wir immer dasselbe von uns vermelden müssen: Wir sind schlecht, wir waren schlecht, und – ungern füge ich es hinzu – wir werden schlecht sein.

De beneficiis 1,10,1–3

Wenn du die Menschenmasse auf dem Forum siehst, den Auflauf der Menge auf dem Komitienplatz und den Zirkus da, in dem sich fast das ganze Volk zeigt, mußt du wissen, daß es dort ebenso viele Laster gibt wie Menschen. Zwischen den Bürgern, die du siehst, herrscht keinerlei Frieden. Der eine ist, um eines geringen Vorteils willen, auf das Verderben des anderen aus; jeder sucht durch die Schädigung seines Mitmenschen Gewinn; sie hassen den Glücklichen, verachten den Unglücklichen. Den Höhergestellten empfinden sie als Last, den Geringeren unterdrücken sie; von den unterschiedlichsten Leidenschaften werden sie angestachelt; alles nehmen sie in Kauf für ein bißchen Vergnügen und Beute. Nicht anders als in einer Gladiatorenschule ist das Leben: Man lebt und kämpft miteinander.

Das ist eine Ansammlung wilder Tiere, nur daß diese

miteinander friedlich umgehen und ihre Artgenossen nicht beißen, während sich die Menschen gegenseitig zerfleischen und darin Befriedigung finden ...

Täglich wächst die Lust am Frevel, täglich nimmt das Schamgefühl ab. Man nimmt keine Rücksicht mehr auf das Gute und Rechte, Willkür macht sich überall breit, und die Verbrechen geschehen nicht mehr im Geheimen, vor aller Augen gehen sie vor sich; die Niederträchtigkeit hat so sehr auf die Öffentlichkeit übergegriffen und in den Herzen aller so tiefe Wurzeln geschlagen, daß die Unschuld nicht eine Seltenheit geworden ist, sondern überhaupt nicht mehr existiert. Denn haben nur einzelne oder wenige die Gesetze gebrochen? Nein, von allen Seiten, wie auf Kommando, ist man losgestürzt, um Recht und Unrecht völlig durcheinanderzuwerfen.

De ira 2,8,1–9,2

Kriege

Nicht nur privat wüten wir gegeneinander, sondern auch Volk gegen Volk. Morden und einzelnen Gewaltverbrechen gebieten wir Einhalt. Doch was ist mit den Kriegen und dem ruhmreichen Verbrechen, ganze Völker umzubringen? Habgier und Grausamkeit kennen weder Maß noch Ziel. Solange diese Greueltaten heimlich und nur von einzelnen begangen werden, sind sie weniger schädlich und weniger ungeheuerlich: Doch auf Senatsbeschlüsse und Volksentscheide hin werden diese Grausamkeiten verübt, und man befiehlt von Staats wegen, was Privatpersonen verboten ist. Was man als heimliche Tat mit dem Kopf büßen müßte, das loben wir, weil es Männer im Soldatenmantel vollbrachten. Die Menschen, an sich die sanftesten Geschöpfe, haben eine schamlose Freude am gegenseitigen Blutvergießen und daran, Kriege zu führen und noch ihre Kinder damit zu beauftragen – dagegen halten sogar die vernunftlosen wilden Tiere untereinander Frieden.

Epistulae ad Lucilium 95,30 f.

Wie könnte man das anders nennen als Wahnsinn: ringsum Gefahren zu verbreiten und sich auf Unbekannte zu stürzen, zu wüten, ohne Unrecht erlitten zu haben, alles sich Bietende zu verwüsten und wie wilde Tiere den zu töten, den man nicht haßt. Die Tiere jedoch beißen nur aus Rache oder aus Hunger zu. Wir Menschen hingegen legen Hand an, ohne das eigene und fremde Blut zu schonen, lassen unsere Schiffe zu Wasser, überantworten unser Leben den Fluten, wünschen uns günstige Winde und sind glückselig, wenn sie uns zu Kriegen bringen.

Naturales quaestiones 5,18,9

Mögen die Götter und Göttinnen verhüten, daß das Schicksal dich zu seinen Lieblingen rechnet! Frage dich selbst: Wenn ein Gott es dir freistellte, würdest du dann lieber auf dem Fleischmarkt oder im Feldlager leben? Das Leben aber, mein Lucilius, ist Kriegsdienst.

Epistulae ad Lucilium 96,4 f.

Unnatürliche Lebensweise

Bist du nicht der Meinung, daß die wider die Natur leben, die statt der eigenen Kleidung Frauensachen tragen? Leben nicht die wider die Natur, die darauf aus sind, den strahlenden Charme des Knabenalters über seine Zeit hinaus zu erhalten? Was könnte grausamer und erbärmlicher sein? Soll der Knabe niemals zum Mann werden dürfen, um einen Mann möglichst lange sexuell zu ertragen? Und wenn ihn schon sein Geschlechtsteil der Schmach hätte entreißen müssen, soll ihn dann nicht einmal sein Alter schützen?

Leben nicht die wider die Natur, die sich im Winter eine Rose wünschen und die durch feuchte, warme Umschläge und geschickten Standortwechsel die Lilie [, eine Frühlingsblume,] im Winter zum Blühen bringen?

Leben nicht die wider die Natur, die auf den Spitzen ihrer Wohntürme Obstgärten anlegen? ... Leben nicht die wider die Natur, welche die Fundamente ihrer Thermen im Meer errichten und nur dann glauben, den ganzen Komfort ihres Schwimmbads zu genießen, wenn Fluten und Sturm ihr gewärmtes Badewasser umbranden?

Haben solche Leute erst einmal begonnen, alles nur im Widerspruch zur natürlichen Gewohnheit tun zu wollen, so brechen sie zuletzt völlig mit ihr.

Epistulae ad Lucilium 122,7–9

Schande über den Mann, der noch, wenn die Sonne im Zenit steht, schlaftrunken in seinem Bett liegt und erst am Mittag wach zu werden beginnt. Und für viele ist noch nicht einmal das der Tagesanbruch. Es gibt manche, welche die Pflichten des Tages und der Nacht verkehren und erst dann die Augen, noch schwer vom Rausch des Vortags, öffnen, wenn die Nacht wieder hereinbricht ... Sie haben noch nie gesehen, wie die Sonne auf- oder untergeht.

Glaubst du, daß Menschen, die nicht wissen, wann man leben muß, wüßten, wie man zu leben hat? Und sie, die sich schon zu Lebzeiten vergraben haben, fürchten den Tod? Sie verkünden Unheil wie die Nachtvögel. Mögen sie auch trunken und parfümiert ihr Schattendasein durchleben, mögen sie auch mit zahlreichen Gängen tafeln und so die ganze Zeit ihres perversen nächtlichen Wachens verbringen, sie feiern kein Festessen, sondern bringen sich selbst das Totenopfer dar. Doch den Toten wird wenigstens am Tage geopfert.

Aber, beim Hercules, für einen aktiven Menschen ist kein Tag zu lang. Verlängern wir das Leben! Pflicht und Inhalt des Lebens ist Tätigsein. Die Nacht sollte verkürzt und teilweise auf den Tag verschoben werden ...

Die Körper derer, die sich der Finsternis verschrieben haben, sehen scheußlich aus ..., und das Fleisch lebendiger Menschen ist schon das einer Leiche. Doch möchte ich das noch als ihr geringstes Übel bezeichnen. Noch viel größer ist die Dunkelheit in ihrer Seele! ...

Du fragst, wie man zu der Verdrehtheit kommt, den Tag zu meiden und das ganze Leben in die Nacht zu verlegen? Alle Laster bekämpfen die Natur, und alle sagen sich von der verbindlichen Ordnung los. Darauf eben zielt der ausschweifende Lebenswandel: am Verkehrten seine Freude zu haben, sich vom Rechten nicht nur abzuwenden, sondern möglichst weit zu entfernen und schließlich sogar die Gegenposition einzunehmen.

Epistulae ad Lucilium 122,1–5

Alkohol

Wenn du beweisen willst, daß sich ein sittlich guter Mann nicht betrinken darf, wieso greifst du da zu logischen Schlußfolgerungen? Sag einfach, es sei eine Schande, mehr zu sich zu nehmen, als man verträgt, und nicht zu wissen, wieviel der Magen fassen kann; stell dar, was die Betrunkenen alles tun, dessen sie sich, wenn sie wieder nüchtern sind, schämen, und daß die Trunkenheit nichts anderes ist als freigewählter Wahnsinn. Verlängere jenen Zustand des Betrunkenen über mehrere Tage: Kannst du dann noch an seinem Irrsinn zweifeln? Auch der Rausch ist nicht weniger schlimm, nur kürzer ...

Die Trunkenheit verstärkt jedes Laster und bringt es zum Vorschein, sie beseitigt alle Hemmungen, die einen sonst an verwerflichem Tun hindern. Aus Scham vor der Sünde lassen sich nämlich mehr Leute vom Verbotenen abhalten als deswegen, weil sie den Willen dazu hätten. Sobald der Mensch unter die Übermacht des Weins geraten ist, treten alle seine verborgenen Laster zutage. Die Trunkenheit bringt die Laster nicht hervor, sondern offenbart sie bloß. Dann wartet der Lüstling nicht mehr, bis er im Schlafzimmer ist, sondern überläßt sich umgehend dem ganzen Ausmaß seiner Begierden. Da bekennt sich der Verderbte zu seinen krankhaften Neigungen und macht sie öffentlich. Da beherrscht der Zudringliche nicht seine Zunge, nicht seine Hand. Beim Arroganten wächst der Hochmut, beim Grausamen die Brutalität, beim Neidischen die Boshaftigkeit. Jedes Laster kommt zum Ausbruch und stellt sich bloß.

Dazu gesellt sich noch die bekannte Trübung des Bewußtseins, die stockende, undeutliche Sprache, der verschwimmende Blick, der taumelnde Gang, der Schwindel im Kopf, die schwankenden Wände, wie wenn ein Wirbelwind das ganze Haus im Kreise drehte, und die quälenden Leibschmerzen, wenn der Wein sauer aufstößt und die Eingeweide aufbläht. Dennoch ist das dann noch irgendwie erträglich, solange der Betrunkene bei Bewußtsein bleibt. Wie aber, wenn er vom Schlaf

Gastmahlszene
Pompejanische Wandmalerei. 1. Jh. n. Chr.

überwältigt und aus dem Vollrausch ein gründlich verdorbener Magen wird? ...

Die Trunkenheit hat fast immer die Grausamkeit im Gefolge; die geistige Gesundheit leidet nämlich Schaden und verroht. So wie langdauernde Krankheiten die Patienten schwierig machen und beim geringsten Anlaß in Wut versetzen, so führt auch die fortgesetzte Trunkenheit zu einer Brutalisierung der Menschen; denn da sie des öfteren nicht bei sich sind, wird die geistige Verwirrtheit zum Dauerzustand, und die durch den Wein aufgedeckten Laster bleiben auch ohne ihn in voller Kraft bestehen.

Lege also dar, wieso sich der Weise nicht betrinken darf; verweise auf das Häßliche und Ungehörige dieses Zustandes – aber dies nicht mit Wortspielen, sondern anhand von Tatsachen. Das ist ganz leicht. Mach klar, daß die Vergnügungen, die man als sinnliche Genüsse bezeichnet, zu Strafen werden, sobald sie das Maß überschreiten.

Epistulae ad Lucilium 83,18–27

Genußsucht und Habgier

Wie sehr haben heutzutage die Gesundheitsschäden zugenommen! Damit bezahlen wir die Zinsen für die sinnlichen Genüsse, auf die wir über jedes erlaubte Maß hinaus versessen sind. Du wirst dich über die Unzahl der Krankheiten nicht wundern: Zähle einfach die Köche! ...

Einzelne Speisen tun es nicht mehr: Die unterschiedlichsten Geschmacksrichtungen werden zu einem einzigen Gericht vermischt. Schon beim Essen geschieht, was dem Bauch vorbehalten bleiben sollte. Ich warte nur noch darauf, daß man uns Vorgekautes serviert. Sind wir nicht fast schon soweit, wenn man die Schalen und Knochen entfernt und der Koch die Aufgabe übernimmt, welche die Zähne zu leisten hätten? ...

»Es soll keinen Unterschied mehr geben; Austern, Seeigel, Muscheln und Meerbarben sollen miteinander vermengt und zusammengekocht gereicht werden.« Erbrochenes könnte kein schlimmeres Speisendurcheinander ergeben. So wie das alles wild vermischt ist, so entstehen daraus nicht einzelne Krankheiten, sondern undefinierbare, verschiedenartige und vielfältige, gegen die sich auch die Medizin mit zahlreichen Therapien und Verhaltensmaßnahmen zu rüsten begonnen hat.

Epistulae ad Lucilium 95,23–29

Sie übergeben sich, um zu essen, sie essen, um sich zu übergeben, und die Nahrungsmittel, die sie auf der ganzen Welt zusammensuchen, geruhen sie nicht einmal zu verdauen.

Consolatio ad Helviam matrem 10,3

Wie lange noch werden wir mit unseren Saatfeldern die Flächen großer Städte beanspruchen? Wie lange noch wird ein ganzes Volk für uns ernten? Wie lange noch wird eine Vielzahl von Schiffen die Tafel eines einzigen

Mannes versorgen und ihre Fracht nicht nur aus einem Meer herbeischaffen? Ein Stier wird auf einer Weide von wenigen Morgen satt. Ein einziger Wald reicht mehreren Elefanten. Nur der Mensch braucht Land und Meer zugleich für seine Ernährung. Wie also? Hat uns die Natur bei so bescheidenen Körpermaßen einen so unersättlichen Magen mitgegeben, daß wir mit unserer Gier die riesigsten und gefräßigsten Tiere übertreffen? Keineswegs. Wie wenig nämlich ist nötig, um das natürliche Bedürfnis zu befriedigen ...

Daher wollen wir die Leute, die, wie Sallust sagt, »dem Bauch gehorchen«, zu den Tieren rechnen, nicht zu den Menschen, und manche nicht einmal zu den Tieren, sondern zu den Toten.

Epistulae ad Lucilium 60,2–4

Es ist keine große Leistung, daß du ohne königlichen Luxus leben kannst, daß es dich nicht nach 1000 Pfund schweren Ebern gelüstet und auch nicht nach Flamingozungen und anderen Gräßlichkeiten der Genußsucht ... Erst dann werde ich dich bewundern, wenn du sogar ganz gewöhnliches Brot verachtest, wenn du überzeugt bist, daß Gras nicht nur für das Vieh, sondern im Notfall auch für den Menschen wächst, wenn du weißt, daß auch Baumtriebe den Magen füllen, in dem wir solche Kostbarkeiten anhäufen, als würde er das Erhaltene aufbewahren. Man muß ihn auch auf anspruchslose Weise füllen können. Denn wieso ist es wichtig, was er aufnimmt, da ihm doch alles, was er bekommt, wieder verloren geht? ... Aber, beim Hercules, all die erlesenen und ganz verschieden zubereiteten Speisen verwandeln sich, wenn sie in den Bauch kommen, ja doch in ein und dieselbe Scheußlichkeit. Willst du die Eßlust verachten? Sieh dir das Ergebnis an.

Epistulae ad Lucilium 110,12 f.

Nichts jedoch wird dir mehr zum Maßhalten in allen Dingen verhelfen als der häufige Gedanke an die Kürze und Unsicherheit dieses Lebens. Was du auch immer tust, denke an den Tod.

Epistulae ad Lucilium 114,27

Wie, bitte schön, paßt es zusammen, daß du sowohl Daidalos als auch Diogenes bewunderst? Wer von beiden ist in deinen Augen weise? Derjenige, der die Säge erfunden hat, oder der andere, der, als er sah, wie ein Junge Wasser aus der hohlen Hand trank, sofort seinen Becher aus dem Ränzlein holte, ihn zerbrach und sich dabei vorwarf: »Wie lange habe ich Dummkopf überflüssiges Gepäck bei mir gehabt!«, der Mann, der sich in seinem Faß zusammenkauerte und darin schlief?

Epistulae ad Lucilium 90,14

Nun spreche ich mit euch, deren Luxusstreben ebensolche Ausmaße annimmt wie die Habgier der oben Genannten. Ich frage euch: Wie lange noch wird es keinen See geben, über den sich nicht die Giebel eurer Landhäuser neigen? Keinen Fluß, dessen Ufer eure Bauwerke nicht umsäumen? Überall, wo warme Quellen hervorsprudeln, werden neue Herbergen der Genußsucht errichtet werden. Überall, wo die Küste eine Bucht bildet, werdet ihr sofort Fundamente mauern, und nicht zufrieden mit dem Land, wenn ihr es nicht künstlich geschaffen habt, werdet ihr das Meer weiter zurückdrängen. Mögen allerorten eure Häuser prunken – hier auf Bergen errichtet für einen weiten Blick über Land und Meer, dort aus der Ebene bis zu Bergeshöhen ansteigend –, mögt ihr auch noch soviel bauen und in noch so großem Stil, ihr seid trotzdem nur einzelne Körper, und zwar ziemlich kleine. Was nützen schon viele Schlafzimmer? Ihr liegt ja doch nur in einem. Jeder Raum, in dem ihr nicht seid, gehört nicht euch.

Epistulae ad Lucilium 89,21

All diese Handwerkskünste, die in der Stadt verbreitet sind oder sie mit Lärm erfüllen, stehen im Dienst des Körpers; in früheren Zeiten betrachtete man ihn als Diener und versorgte ihn entsprechend; heute stellt man ihm alles zur Verfügung, als sei er der Herr. Deshalb gibt es hier die Werkstätten der Weber, da die der Schmiede, da die Parfüm- und Salbenmischer, dort die Schulen für laszive Tänze und sentimental tremulierenden Gesang. Denn jenes natürliche Maßempfinden, das die Befriedigung seiner Bedürfnisse auf das Notwendige beschränkte, ist verloren gegangen. Heutzutage gilt es als bäurisch-plump und armselig, nur so viel zu wollen, wie man braucht.

Epistulae ad Lucilium 90,19

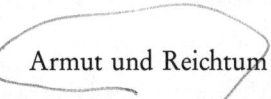

Armut und Reichtum

Kommen wir nun zu den Vermögensverhältnissen, der wichtigsten Quelle menschlichen Kummers. Vergleicht man nämlich alle anderen Probleme, die uns bedrängen – Todesfälle, Krankheiten, Ängste, Sehnsüchte, das Ertragen von Schmerzen und Strapazen – mit den Leiden, die durch unsere finanzielle Situation verursacht sind, werden letztere deutlich das Übergewicht haben. Deshalb sollte man bedenken, daß es sehr viel weniger schmerzt, nichts zu besitzen, als etwas zu verlieren ...

Schau doch auf das Weltall: Die Götter sind, wie du siehst, nackt; sie geben alles, haben nichts. Hältst du nun jemanden, der sich von seinen Zufallsgütern trennt, für arm oder den unsterblichen Göttern ähnlich? ...

Jedenfalls sollten wir unser Hab und Gut begrenzen, um vor den Übergriffen des Schicksals besser geschützt zu sein ... Der beste Vermögensstand ist der, welcher weder der Armut verfällt, noch weit von der Armutsgrenze entfernt ist.

De tranquillitate animi 8,1–9

Das Geld ist es, was so viele Beamte und Richter bindet, was aber auch die Beamten und Richter erst hervorbringt. Seit es zu Ehren kam, ist der wahre Wert der Dinge verfallen. Selbst abwechselnd zu Kaufleuten und käuflicher Ware geworden, fragen wir nicht mehr nach der Qualität und dem Wesen der Dinge, sondern nach dem Preis. Für Lohn sind wir rechtschaffen, für Lohn Verbrecher ...

Die Bewunderung für Gold und Silber haben uns unsere Eltern beigebracht, und die im zarten Alter eingepflanzte Begierde hat immer tiefere Wurzeln geschlagen und ist mit uns gewachsen. Außerdem ist sich das ansonsten uneinige Volk in diesem Punkte einig: Zum Gold blickt man auf, wünscht es den Seinen, weiht es, will man dankbar erscheinen – als den gleichsam höchsten menschlichen Wert –, den Göttern. So tief ist unsere Zeit gesunken, daß Armut als Schimpf und Schande gilt, verächtlich den Reichen, verhaßt den Armen.

Epistulae ad Lucilium 115,10 f.

Wie viele Dinge überflüssig sind, merken wir erst, wenn wir sie nicht mehr haben; wir benutzten sie, nicht weil wir sie brauchten, sondern weil sie uns zur Verfügung standen. Und wie vieles schaffen wir an, weil es andere auch schon angeschafft haben und weil die meisten es besitzen.

Epistulae ad Lucilium 123,6

Unsere Blödheit zeigt sich wohl auch darin, daß wir nur das als wertvollen Kauf ansehen, wofür wir Geld bezahlt haben, und die Dinge für umsonst halten, für die wir mit unserer Person aufgekommen sind.

Epistulae ad Lucilium 42,7

Schau dich nur um und betrachte die Dinge, die uns in den Wahnsinn treiben und deren Verlust wir tränenreich beweinen. Du wirst dir bewußt werden, daß nicht der Schaden schlimm ist, sondern bloß die Vorstellung vom Schaden. Niemand merkt wirklich etwas vom Verlust dieser Dinge, aber er bildet ihn sich ein. Wer sich hat, hat nichts verloren. Doch wie wenigen gelingt es, sich selbst zu besitzen?

Epistulae ad Lucilium 42,10

»Vielen brachte der Erwerb von Reichtum nicht das Ende ihrer Leiden, sondern nur eine Änderung.« Das wundert mich auch nicht. Der Fehler liegt nämlich nicht in den Dingen, sondern im Inneren des Menschen. Das, was uns die Armut zur Last gemacht hatte, hat auch den Reichtum zur Last gemacht. Wie es unerheblich ist, ob man einen Kranken in ein Bett aus Holz oder in ein goldenes legt (wohin man ihn auch bettet, er nimmt seine Krankheit mit), so ist es auch gleichgültig, ob eine kranke Seele von Reichtum oder Armut umgeben ist: Ihr Leiden begleitet sie.

Epistulae ad Lucilium 17,11 f.

Wenn du den Reichtum für ein Gut hältst, wird dich die Armut quälen, und zwar, was am schlimmsten ist, die eingebildete. Denn magst du auch noch soviel besitzen, du wirst dennoch, weil irgendeiner mehr besitzt, meinen, dir fehle genau das, was der andere dir voraushat.

Epistulae ad Lucilium 104,9

Wenn du wissen willst, wieso an der Armut nichts Schlimmes ist, vergleiche die Mienen der Armen und Reichen: Häufiger und ehrlicher lacht der Arme. In der Tiefe seines Herzens kennt er keinen Kummer. Auch wenn ihn irgendeine Sorge trifft, zieht sie vorüber wie eine leichte Wolke. Doch die Heiterkeit derer, die man glücklich nennt, ist aufgesetzt oder eine niederdrükkende, dahinschwärende Traurigkeit, die um so schlimmer ist, als man bisweilen nicht offen unglücklich sein darf, sondern trotz der Schmerzen, die einen innerlich verzehren, den Glücklichen spielen muß ... Das Glück all dieser Leute ist nur Maske. Du wirst sie verachten, wenn du ihnen die Maske fortreißt.

Epistulae ad Lucilium 80,6–8

Nur der ist der Gottheit würdig, der den Reichtum verachtet. Ich untersage ihn dir nicht, doch möchte ich erreichen, daß du ihn ohne Furcht besitzt. Das wird dir nur gelingen, wenn du zu der Überzeugung gelangst, auch ohne ihn glücklich leben zu können, und wenn du ihn stets als etwas Vergängliches ansiehst.

Epistulae ad Lucilium 18,13

Alles kann man verachten, alles haben nicht. Der kürzeste Weg zum Reichtum führt über die Verachtung des Reichtums.

Epistulae ad Lucilium 62,3

Nicht wer zu wenig hat, sondern wer mehr haben will, ist arm ... Du fragst nach dem Maß des Reichtums? Erstens: das zu haben, was notwendig ist, dann: das, was ausreicht.

Epistulae ad Lucilium 2,6

»Eine durch das Naturgesetz geregelte Armut bedeutet großen Reichtum.« Weißt du aber, welche Grenzen jenes Naturgesetz uns bestimmt? Nicht zu hungern, keinen Durst zu haben, nicht zu frieren ... Leicht beschaffen läßt sich das, was die Natur erfordert, und es ist stets zur Hand ... Wer sich mit der Armut gut verträgt, ist reich.

Epistulae ad Lucilium 4,10 f.

Muß man aber nicht schon aus dem einen Grund die Armut lieben, weil sie zeigt, von wem man geliebt wird?

Epistulae ad Lucilium 20,7

Wenn du dich geistigen Dingen widmen willst, mußt du entweder arm sein oder einem Armen ähnlich. Das philosophische Studium kann ohne das Bemühen um Selbstbeschränkung nicht fruchten. Selbstbeschränkung aber ist freiwillige Armut.

Epistulae ad Lucilium 17,5

Übrigens liegt mir so viel daran, deine Charakterstärke zu prüfen, daß ich, mich auf die Vorschriften großer Männer berufend, auch dir folgendes nahelegen möchte: Schiebe ein paar Tage ein, an denen du dich mit sehr wenig und sehr einfacher Kost begnügst, auch mit grober, schlichter Kleidung, und du zu dir sagen kannst: »Davor also hatte ich Angst?« Gerade in sorglosen Tagen soll sich der Mensch auf Schwierigkeiten vorbereiten und sich, solange es ihm gut geht, gegenüber den Übergriffen des Schicksals wappnen ...

Es soll wirklich ein karges Lager sein, ein rauher Soldatenmantel und hartes, derbes Brot. Ertrage dies an drei oder vier Tagen, mitunter auch noch länger, so daß es keine Spielerei, sondern eine echte Prüfung ist. Dann, glaube mir, mein Lucilius, wirst du dich mit Genuß für 2 As sattessen und erkennen, daß man, um sorglos zu sein, auf das Schicksal nicht angewiesen ist. Denn das Lebensnotwendige wird es immer gewähren, auch wenn es zürnt. Du hast trotzdem keinen Grund, dir einzubilden, du würdest Großes leisten (du wirst nämlich nur das tun, was Tausende von Sklaven und Tausende von Armen tun). Nur darauf darfst du stolz sein, daß es dir so leicht fallen wird ... Wir werden ruhiger im Reichtum leben, wenn wir wissen, wie wenig belastend es ist, arm zu sein ... Wasser, Graupen oder ein Bissen Gerstenbrot sind wahrlich keine Delikatessen, aber es bedeutet höchsten Genuß, auch daran Genuß finden zu können und sich darauf beschränkt zu haben, was einem kein Schicksalsschlag entreißen kann.

Epistulae ad Lucilium 18,5–10

Wollust

An dieser Stelle will ich dir eine kleine Geschichte erzählen, damit du erkennst, wie die Genußgier kein Mittel verschmäht, um ihre Lust zu reizen, und wie erfinderisch sie vorgeht, um ihre Raserei noch anzuheizen. Es gab da einen Hostius Quadra, einen Mann, der sich für seine Unzucht sogar noch eine Bühne schuf ... Dieser Kerl trieb es nicht nur mit einem Geschlecht, sondern war auf Männer genauso scharf wie auf Frauen ...

Wie wenn es noch nicht ausreichte, unerhörte und unbekannte Praktiken über sich ergehen zu lassen, machte er auch noch die Augen zu Zeugen seines verkommenen Treibens; und nicht zufrieden damit, das Ausmaß seiner Sünden bloß so zu sehen, umgab er sich auch noch mit Spiegeln, um damit seine Schändlichkeiten in Teile zu zerlegen und zu ordnen. Und weil er nicht genau zuschauen konnte, wenn er mit seinem Kopf auf Tauchstation gegangen war und über fremden Lenden hing, ließ er sich sein Tun durch Spiegelbilder vorführen. So beobachtete er die Lust seines Mundes und beobachtete die Männer, denen ihm gegenüber gleichfalls alles erlaubt war. Manchmal teilte er sich zwischen einem Mann und einer Frau auf, bot seinen ganzen Körper passiv dar und schaute allen Abscheulichkeiten zu. Ließ dieser Wüstling noch etwas aus, um es lieber im Dunkeln zu treiben? Nein, er scheute nicht das Tageslicht, sondern führte sich jene widernatürlichen Beischlafszenen persönlich vor und klatschte sich selbst Beifall ...

»Gleichzeitig«, sagte er, »übernehme ich die weibliche und die männliche Rolle ... Alle Glieder sind bei der Unzucht beteiligt. Auch die Augen sollen ihren Anteil an der sexuellen Lust haben, sie bezeugen und sie genießen. Und auch das, was durch die Position unseres Körpers dem Blick entzogen wird, soll durch Kunst sichtbar werden, damit keiner auf den Gedanken kommt, ich wüßte nicht, was ich tue. Die Natur hat versagt, als sie der menschlichen Lust so unzulängliche Hilfsmittel zur Verfügung stellte und andere Lebewesen für die Begattung besser ausrüstete ...

Ich werde solche Spiegel um mich herum aufstellen, die unglaublich große Bilder zurückwerfen. Wäre es mir möglich, würde ich sie in die Realität umsetzen. Doch weil das nicht geht, werde ich mich an der Illusion weiden. Meine Sexualität soll mehr erleben, als sie sieht, und soll sich über ihre Möglichkeiten wundern.« ...

Vor seinem Spiegel hätte man ihn schlachten sollen!

Naturales quaestiones 1,16,1–9

Die Spiegel sind erfunden worden, damit der Mensch sich selbst kennenlerne; er kann dadurch vieles gewinnen: erstens: Kenntnis seiner selbst, zweitens: Rat für mancherlei.

Der schöne Mensch wird aufgefordert, die Schande zu vermeiden; der häßliche, durch gute Eigenschaften das wettzumachen, was seinem Körper fehlt; der junge Mann soll durch die Blüte seiner Jahre daran gemahnt werden, daß eben dies die Zeit ist zum Lernen und mutigen Ausprobieren; der Greis soll ablegen, was sich für Ergraute nicht mehr schickt, und sich über den Tod Gedanken machen. Für all das hat uns die Natur die Möglichkeit gegeben, uns selbst zu sehen.

Naturales quaestiones 1,17,4

Liebe

Göttin, geboren im unsanften Meere,
Mutter genannt von dem Zwilling Cupido:
Ohne Beherrschung, mit Flammen wie Pfeilen
lenkt dieser Knabe, munter und strahlend,
mit wie sich'rem Bogen seine Geschosse!

Venus und Mars mit Cupido
Pompejanische Wandmalerei

> [Mitten durchs Mark durch gleitet die Liebe,
> heimliches Feuer verwüstet die Adern.]
> Nicht zeigt die Wunde breitere Spuren,
> zehrt am verborgenen Mark tief doch im Innern.
> Nicht kennt der Knabe ruhigen Frieden: Über den
> Erdkreis
> streut er behende den Regen der Pfeile ...
> ... der Jünglinge wilde
> Flammen erregt er, ermüdeten Greisen
> schürt er von neuem erloschene Gluten,
> Mädchenherzen entflammt er mit Sehnen, das sie
> nicht kannten –
> heißt gar die Götter, den Himmel zu lassen,
> läßt sie in falschen Gestalten die Erde bewohnen.
>
> Phaedra 274–295

Nachdem man sich mit den Ehefrauen anderer nicht nur heimlich, sondern ganz offen vergnügt hat, stellt man die eigene Frau anderen zur Verfügung. Man ist ein ungebildeter Bauer mit schlechten Manieren und gilt bei den Damen als verabscheuungswürdige Partie, wenn man seiner Frau verbietet, sich in der Sänfte öffentlich anzubieten, allen Beschauern Zutritt zu gewähren und sich, von allen Seiten gut sichtbar, umhertragen zu lassen. Wenn jemand sich keine Geliebte zulegt und keine fremde Ehefrau aushält, bezeichnen ihn die Damen als gemeinen Schwächling, unanständigen Wüstling und Schürzenjäger. Daher ist der Ehebruch die sicherste Form der Verlobung; Witwerschaft und Ehelosigkeit sind an der Tagesordnung; man heiratet nur, indem man die Frau eines anderen verführt.

De beneficiis 1,9,3 f.

Geistreich scheint mir die Antwort, die Panaitios einem jungen Mann auf die Frage gab, ob ein Weiser lieben werde. »Vom Weisen«, sagte er, »wollen wir später reden. Ich und du, die wir noch längst keine Weisen sind, dürfen es aber gar nicht erst so weit kommen lassen, daß wir von der Leidenschaft gepackt, unbeherrscht und von einem anderen abhängig werden und uns selbst nicht mehr achten können. Denn stoßen wir auf Gegenliebe, lassen wir uns von der Liebenswürdigkeit des anderen faszinieren, werden wir zurückgewiesen, erregen wir uns über seinen Hochmut. Wenn es einem in der Liebe leichtgemacht wird, schadet das genauso, wie wenn man auf Schwierigkeiten stößt. Das Entgegenkommen macht uns zu Gefangenen, die Schwierigkeiten zu Kämpfern. Daher wollen wir im Bewußtsein unserer Schwäche lieber ruhig bleiben. Wir sollten uns, schwach wie wir sind, weder dem Wein noch der Schönheit, noch der Schmeichelei, noch sonst irgendwelchen reizvollen Verlockungen überlassen.«

Was Panaitios auf die Frage nach der Liebe antwortete, das sage ich von allen Leidenschaften. So weit wir nur können, sollten wir uns von schlüpfrigem Gelände fernhalten; schon auf trockenem Boden haben wir ja keinen sicheren Stand.

Epistulae ad Lucilium 116,5 f.

Furcht

Bei unserem Hekaton fand ich den Satz, das Ende leidenschaftlichen Wünschens wirke auch als Heilmittel gegen die Angst. »Wenn du«, sagt er, »keine Hoffnung mehr hast, wirst du auch keine Angst mehr haben.« ... Und es wundert mich nicht, daß dies so geht: Beide Empfindungen kennzeichnen ja einen labilen Menschen, beide einen Menschen, der sorgenvoll auf die Zukunft wartet. Der Hauptgrund dafür ist, daß wir uns nicht auf die Gegenwart einstellen, sondern unsere Gedanken weit vorauseilen lassen. Und so hat sich das größte Gut des menschlichen Seins, die Fähigkeit, den Blick auf die Zukunft zu richten, in einen Fluch verwandelt. Die wilden Tiere fliehen vor den Gefahren, die sie sehen; sind sie ihnen entronnen, fühlen sie sich wieder sicher. Wir Menschen dagegen zermartern uns sowohl mit dem Künftigen als auch mit dem Vergangenen. Unsere zahlreichen Vorzüge schaden uns: Das Erinnerungsvermögen erneuert die Qual der Furcht, die Gabe des Voraussehens nimmt sie vorweg; niemand ist bloß über Gegenwärtiges unglücklich.

Epistulae ad Lucilium 5,7–9

Wieso muß man denn das Unglück herbeirufen? Wieso vorwegnehmen, was man, wenn es eingetreten ist, noch früh genug ertragen muß? Und wieso sich die Gegenwart durch die Furcht vor der Zukunft vergällen? Es ist ganz bestimmt eine Dummheit, schon jetzt unglücklich zu sein, bloß weil man irgendwann einmal unglücklich werden könnte.

Epistulae ad Lucilium 24,1

Aber deshalb empfehle ich dir noch lange keine Gleichgültigkeit. Gehe vielmehr jedem Grund zur Furcht aus dem Wege. Was man durch Nachdenken voraussehen kann, das fasse ins Auge! Finde alles, was dir schaden könnte, heraus, lange bevor es geschieht – und wende es ab!

Epistulae ad Lucilium 98,7

Willst du jede Besorgnis ablegen, stelle dir vor, daß alles, von dem du fürchtest, es könne eintreten, auf jeden Fall eintreten wird. Und um welches Unglück es sich auch handelt, prüfe es und schätze dann deine Furcht richtig ein. Du wirst gewiß einsehen, daß das, vor dem du dich fürchtest, entweder nicht wichtig oder nicht von langer Dauer ist ...

Wie, bist du erst jetzt zu der Erkenntnis gekommen, daß der Tod auf dich wartet, ebenso das Exil und der Schmerz? Dazu bist du geboren! Was immer geschehen kann, wollen wir gewissermaßen als künftige Realität bedenken ...

Nunmehr fordere ich dich auf, dich nicht dieser ständigen Besorgnis hinzugeben. Denn dadurch wird der Geist matt und hat keine Energien mehr, wenn er sich wieder aufschwingen soll. Lenke ihn von deinen Privatangelegenheiten auf die Interessen der Allgemeinheit.

Epistulae ad Lucilium 24,2–16

Gegenüber allem, was mir schlimm und hart erscheint, habe ich diese Einstellung: Ich gehorche nicht Gott, sondern stimme ihm zu; ich folge ihm aus Überzeugung, nicht aus Zwang. Niemals wird mir etwas widerfahren, worauf ich traurig oder mit finsterer Miene reagiere. Ich werde jeden Tribut gerne entrichten. Alles jedoch, worüber wir seufzen, sind Tributzahlungen an das Leben. Hoffe nicht darauf, mein Lucilius, davon befreit zu werden, und verlange es auch nicht.

Epistulae ad Lucilium 96,2

Zorn

Jetzt wollen wir untersuchen, ob der Zorn naturgemäß und nützlich ist und man ihn sich in irgendeiner Hinsicht bewahren soll. Ob er im Einklang mit der Natur steht, zeigt sich beim Blick auf den Menschen. Gibt es ein sanftmütigeres Wesen als ihn, solange er in der rechten seelischen Verfassung ist? Was jedoch ist grausamer als der Zorn? Welches Geschöpf ist liebevoller zu anderen als der Mensch? Was feindseliger als der Zorn? Der Mensch ist dazu geschaffen, den anderen zu unterstützen, der Zorn strebt nach Vernichtung. Jener will die Gemeinschaft, dieser die Trennung, jener nützen, dieser schaden, jener auch Unbekannten helfen, dieser selbst die ihm Nächststehenden angreifen; jener ist bereit, sich zugunsten anderer sogar aufzuopfern, dieser sucht die Gefahr, kann er nur andere mit hineinziehen ...

Der Zorn giert, wie gesagt, nach Bestrafung; gibt es ein solches Verlangen im friedfertigen Herzen des Menschen, widerspricht dies zutiefst seinem eigentlichen Wesen. Denn auf dem Erweisen von Wohltaten gründet das menschliche Leben und auf Einträchtigkeit ...

»Wie denn? Ist nicht mitunter eine Bestrafung notwendig?« Natürlich. Doch soll sie nicht im Zorn geschehen, sondern mit Vernunft vorgehen. Sie will nämlich nicht schaden, sondern ist, auch unter dem Anschein des Schadens, auf Heilung bedacht.

De ira 1,5,1–6,1

Tollwütige Hunde schlagen wir tot, einen wilden Ochsen, der sich nicht bändigen läßt, töten wir und schlachten krankes Vieh, damit es nicht die Herde ansteckt; Mißgeburten bringen wir um und ertränken auch Kinder, wenn sie verkrüppelt und mißgestaltet auf die Welt gekommen sind. Doch es ist nicht Zorn, sondern Vernunft, das Nutzlose vom Gesunden zu scheiden. Genausowenig darf man beim Strafen zornig sein, weil die Strafe dann für die Besserung wirkungsvoller ist, wenn sie mit Überlegung erfolgt. Das ist auch der Grund, warum Sokrates zu einem Sklaven sagte: »Ich würde dich verprügeln, wenn ich nicht so wütend wäre.«

De ira 1,15,2 f.

So ist der Zorn vor allem eine Untugend von Frauen und Kindern. »Aber er kommt doch auch bei Männern vor.« Ja, auch Männer haben kindische und weibische Charakterzüge.

De ira 1,20,3

Am besten ist es, die ersten Anflüge des Zorns sofort zu unterdrücken, sein Aufkeimen gleich zu bekämpfen und sich alle Mühe zu geben, gar nicht erst in Zorn zu geraten. Denn wenn er uns erst vom rechten Wege abgebracht hat, ist die Rückkehr zur Vernunft schwierig, weil der Verstand versagt, wo die Leidenschaft einmal Einzug gehalten hat und wir ihr freiwillig ein gewisses Recht eingeräumt haben. Der Zorn greift dann auch nach Belieben auf alles andere über, ohne deine Erlaubnis abzuwarten. Unmittelbar an den Grenzen, das betone ich noch einmal, muß man den Feind abwehren.

De ira 1,8,1 f.

Um gar nicht erst auf einzelne zornig zu werden, muß man den Menschen insgesamt verzeihen. Gegenüber der ganzen Menschheit ist man zur Nachsicht verpflichtet.

De ira 2,10,2

Das wirkungsvollste Mittel gegen den Zorn ist der Aufschub. Fordere vom Zorn nicht, daß er gleich verzeiht, sondern vorerst nur, daß er sich ein Urteil bildet. Seine ersten Ausbrüche sind heftig; er läßt nach, wenn man ihm Zeit läßt. Und versuche nicht, ihn sofort völlig zu besiegen. Man bezwingt ihn ganz, indem man ihn Stück für Stück zerpflückt.

De ira 2,29,1

Man darf also seinem Zorn nicht nachgeben, egal, ob der, den man angreifen will, gleich stark, überlegen oder unterlegen ist. Mit einem gleichwertigen Gegner zu kämpfen ist riskant, mit einem überlegenen wahnsinnig, mit einem unterlegenen gemein. Es deutet auf einen kleinlichen, armseligen Charakter, wenn man den, der einen gebissen hat, zurückbeißt.

De ira 2,34,1

Ein feindseliger Streit hört sofort auf, wenn sich einer der Kontrahenten zurückzieht. Kampf ist nur zwischen Gleichgestimmten möglich. Beherrscht aber beide Seiten der Zorn, gerät man aneinander. Der ist der Bessere, der zuerst den Rückzug antritt; Sieger ist hier der Besiegte.

De ira 2,34,5

Dem Zorn muß man auf verschiedene Weisen begegnen. Die meisten Dinge sollte man ins Lächerliche und Komische ziehen. So hat Sokrates, als er eine Ohrfeige erhalten hatte, angeblich nur gesagt, es sei doch ärgerlich, daß die Menschen nicht wüßten, wann sie mit einem Helm ausgehen müßten.

De ira 3,11,2

Wir müssen uns an die Stelle desjenigen versetzen, auf den wir wütend sind. Meist läßt uns eine falsche Selbsteinschätzung zornig werden, und was wir selbst gern täten, das wollen wir uns von anderen nicht gefallen lassen.

De ira 3,12,3

Wenn du dich selbst auf rechte Weise in Wut bringst und dir die Dinge, die dich ärgern, vorstellst, wird der Zorn von sich aus nachlassen und mit der Zeit ganz seine Kraft verlieren.

De ira 3,27,5

Wir wollen den Zorn nicht mäßigen, sondern ganz verbannen – denn wie könnte es für etwas Schlechtes ein richtiges Maß geben? Es wird uns aber gelingen, wenn wir uns nur anstrengen. Nichts ist dabei hilfreicher als der Gedanke an unsere Sterblichkeit. Zu sich und dem anderen möge jeder sagen: »Was bringt es, wenn wir uns, als wären wir für die Ewigkeit geboren, zürnen und damit unsere so kurze Lebenszeit vergeuden? Was bringt es, die Tage, die man in ehrenhafter Freude verbringen könnte, dazu zu verwenden, seinem Mitmenschen Schmerzen und Qualen zuzufügen? ...

Warum hältst du deine kurze Lebenszeit nicht lieber zusammen und bist zu dir und den anderen freundlich und nachsichtig? Warum bemühst du dich nicht lieber darum, zu deinen Lebzeiten von allen geliebt und nach deinem Tod vermißt zu werden? ... Warum bist du böse auf deinen Sklaven, deinen Herrn, deinen König und deinen Klienten? Halte es nur ein Weilchen aus. Schau, da kommt der Tod, der euch alle gleichmacht.

De ira 3,42,1–43,1

Ergebnis

Wenn die Vernunft etwas ausrichtet, werden Affekte gar nicht erst aufkommen. Wenn sie jedoch gegen den Widerstand der Vernunft entstanden sind, werden sie sich auch gegen den Widerstand der Vernunft weiter behaupten. Es ist nämlich leichter, ihre Entstehung zu verhindern, als sich dann ihres Ansturms zu erwehren.

Falsch ist daher dieser »goldene Mittelweg« und nutzlos; er steht auf derselben Stufe wie die Äußerung, man könne in Maßen wahnsinnig und in Maßen krank sein. Mäßigung kennt nur die Tugend, seelische Defekte sind davon ausgeschlossen. Diese lassen sich leichter ganz aus der Welt schaffen, als in Grenzen halten. Oder gibt es irgendeinen Zweifel, daß menschliche Charakterfehler, die Wurzeln geschlagen und sich verhärtet haben und die man als Krankheiten bezeichnen könnte – wie Habgier, Grausamkeit, Unbeherrschtheit und Gottlosigkeit –, jedes Maß verloren haben? Folglich sind auch die Affekte maßlos, da ja über sie der Weg zu den Fehlhaltungen führt. Weiter: Räumt man der Depression, der Angst, der Begierde und den anderen verwerflichen Seelenregungen auch nur das geringste Recht ein, wird man alle Gewalt über sie verlieren. Weshalb? Weil sie durch äußere Reize ausgelöst werden.

Epistulae ad Lucilium 85,9–11

Die Freiheit steht uns vor Augen; sie ist der Lohn, um dessentwillen wir uns mühen. Was Freiheit ist, fragst du? Keiner Sache sklavisch untertan zu sein, keinem

Zwang, keinen Zufällen und sich vom Schicksal nicht überwältigen zu lassen.

Epistulae ad Lucilium 51,9

Lerne, dich zu freuen! Denkst du denn, ich brächte dich um viele Genüsse, wenn ich dir die Zufallsgaben nehme, wenn ich meine, man müsse die Hoffnungen, diese ach so süßen Zerstreuungen, aufgeben? Ganz im Gegenteil: Ich will, daß es dir niemals an der Freude fehle. Ich will, daß sie dir zu Hause erwächst; das tut sie, vorausgesetzt, sie hat ihre Quelle in dir selbst. Die sonstigen heiteren Empfindungen füllen das Herz nicht aus; sie glätten die Stirn, sie sind belanglos, es sei denn, du bist der Ansicht, jemand, der lache, freue sich bereits: Der Geist muß munter sein, zuversichtlich und über alles erhaben. Glaube mir, wahre Freude ist eine ernste Sache ...

Die Dinge, an denen die Masse ihren Spaß hat, bieten nur ein seichtes, oberflächliches Vergnügen, und jede Freude, die nicht von Herzen kommt, entbehrt der Grundlage. Die Freude, von der ich spreche und zu der ich dich versuche hinzuführen, die Freude ist solide und dringt tiefer ins Innere.

Epistulae ad Lucilium 23,3–5

IX

Güterlehre, sittliche Vollkommenheit, Glück, Seelenruhe

Wen immer du elend siehst, der, wisse, ist ein Mensch.
                                    Hercules 463

Glücklich leben, mein Bruder Gallio, wollen alle; doch wenn es darum geht, zu durchschauen, was zu einem glücklichen Leben führt, sind sie blind ... Daher müssen wir uns zunächst das Ziel vor Augen stellen, das wir anstreben. Dann müssen wir danach Umschau halten, wie wir am schnellsten dahin gelangen können.
                                    De vita beata 1,1

Was du dir ersehnst, ist etwas Großes, Edles, Gottähnliches: Unerschütterlichkeit.
                                    De tranquillitate animi 2,3

Was ist Glück? Sorglosigkeit und beständiger Seelenfrieden... Wie gelangt man zu diesem Ziel? Wenn man die Wahrheit ganz durchschaut hat; wenn man bei seinen Handlungen Ordnung, Maß und Anstand wahrt, eine lautere und gütige Gesinnung an den Tag legt, die sich an der Vernunft orientiert und niemals von ihr abweicht, eine Gesinnung, die zugleich liebenswert ist und bewunderungswürdig.

Epistulae ad Lucilium 92,3

Entweder sind die Güter, die man als solche bezeichnet, keine Güter, oder der Mensch ist glücklicher als die Gottheit, weil ja das, was uns am Herzen liegt, für einen Gott keine Bedeutung hat. Denn ein Gott kennt weder sexuelle Gelüste noch üppige Tafelfreuden, Reichtümer oder irgend etwas anderes von dem, was den Menschen anlockt und mit billigen Genüssen verführt. Folglich müßte man entweder annehmen, daß ein Gott auf diese Güter verzichten muß, oder es ist eben der Beweis dafür, daß es keine Güter sind, eben weil sie einem Gott fehlen.

Berücksichtige ferner, daß viele Güter, die als solche erscheinen wollen, den Tieren reichlicher zuteil werden als dem Menschen. Sie genießen ihre Nahrung gieriger und werden durch die Liebe weniger erschöpft. Sie sind körperlich kräftiger und ausdauernder. Daraus würde folgen, daß sie viel glücklicher sind als der Mensch...

Überlege daher, ob das wirklich ein Gut genannt werden darf, worin der Mensch die Gottheit und die Tiere den Menschen übertreffen.

Epistulae ad Lucilium 74,14–16

Eine Annehmlichkeit ist das, was mehr Nutzen als Beschwernis bringt. Ein echtes Gut muß jedoch in jeder Hinsicht unschädlich sein. Nicht das ist somit ein Gut, bei dem der Nutzen überwiegt, sondern das, was überhaupt nur nützt.

Epistulae ad Lucilium 87,36

Als gleichgültige, d. h. weder gute noch schlechte Dinge bezeichne ich Krankheit, Schmerz, Armut, Verbannung und Tod. Nichts davon ist an sich ruhmvoll, aber es gibt auch keinen Ruhm außerhalb davon.

Epistulae ad Lucilium 82,10 f.

Unser höchstes Glück kann nicht auf dem Fleisch beruhen. Nur das sind wahre Güter, welche die Vernunft uns gewährt; sie sind unerschütterlich und unvergänglich, können nicht untergehen, ja nicht einmal abnehmen und geringer werden. Die übrigen Dinge sind nur eingebildete Güter; sie haben zwar den Namen mit den wahren gemeinsam, doch fehlt ihnen das charakteristische Merkmal des Guten. Daher nennt man sie Annehmlichkeiten oder, um in unserer Terminologie zu sprechen, vorzuziehende Dinge ...

Wir wollen uns ihrer bedienen, aber nicht rühmen, und so sparsam von ihnen Gebrauch machen, als seien sie nur vorübergehend in unserem Besitz und würden uns bald wieder verlassen.

Epistulae ad Lucilium 74,16–18

»Wenn körperliches Wohlbefinden, Ruhe und das Freisein von Schmerzen der sittlichen Vollkommenheit nicht im Wege stehen, wirst du dann nicht danach streben?« Weshalb sollte ich nicht? Doch nicht deshalb, weil es Güter sind, sondern weil diese Dinge der natürlichen Bestimmung des Menschen entsprechen und ich sie aufgrund eines richtigen Urteils wähle. Was soll das Gute an ihnen sein? Nur das eine, die richtige Wahl.

Epistulae ad Lucilium 92,11

Bei jedem Lebewesen muß die Eigenschaft am höchsten entwickelt werden, für die es geboren ist und nach der man es bewertet. Was ist das Beste beim Menschen? Die Vernunft. Durch sie übertrifft er die Tiere und nähert sich der Gottheit. Also ist die vollkommene Vernunft sein spezifisches Gut, alles andere hat er mit den Tieren und den Pflanzen gemeinsam ...

Die rechte und zur Vollkommenheit gebrachte Vernunft macht das Glück des Menschen aus. Wenn also alles, was das ihm eigene Gut zur Vollendung geführt hat, Lob verdient und seine wesensmäßige Bestimmung erfüllt hat, das spezifische Gut des Menschen aber seine Vernunft ist, verdient er, wenn er sie vervollkommnet hat, Lob und hat das Ziel seiner natürlichen Bestimmung erreicht. Diese vollendete Vernunft heißt sittliche Vollkommenheit und ist identisch mit dem sittlich Guten. Deshalb ist das das einzige Gut im Menschen, das allein dem Menschen zukommt ... Da freilich nur die Vernunft den Menschen vollkommen macht, macht ihn auch nur die Vernunft vollkommen glücklich.

Epistulae ad Lucilium 76,8–16

Die Vernunft aber ist nichts anderes als ein Teil des göttlichen Geistes, versenkt in den menschlichen Körper.

Epistulae ad Lucilium 66,12

Was nun verlangt diese Vernunft vom Menschen? Etwas sehr Einfaches: gemäß seiner Natur zu leben.

Epistulae ad Lucilium 41,8

Übrigens gibt es auch für die Vernunft einige vorrangige Güter, welche sie bewußt anstrebt, wie z. B. Sieg, gute Kinder, Wohlergehen des Vaterlandes. Andere hält sie für zweitrangig: Diese machen sich nur im Unglück bemerkbar, z. B. das gleichmütige Ertragen von Krankheit, Feuer und Verbannung. Manche Güter halten die Mitte: Sie sind weder naturgemäß noch naturwidrig, wie ordentlich zu gehen oder angemessen zu sitzen. Denn das Sitzen entspricht nicht weniger der Natur als das Stehen oder Gehen.

Jene beiden erstgenannten Güter unterscheiden sich voneinander; denn die ersten sind naturgemäß: sich über die Liebe seiner Kinder und das Wohlergehen des Vaterlandes zu freuen. Die zweitgenannten Güter sind naturwidrig: Folterqualen tapfer zu widerstehen und Durst auszuhalten, wenn eine Krankheit in den Eingeweiden brennt. »Wie also? Dann ist auch etwas Naturwidriges ein Gut?« Keineswegs; aber manchmal ist das, dem jenes Gute innewohnt, naturwidrig. Denn eine Verwundung, das Vergehen im Feuer und das Leiden an einer schlimmen Krankheit widersprechen der Natur, doch alledem ungebeugt standzuhalten, das entspricht der Natur. Und um das, worauf ich hinauswill, kurz auszudrücken: Das Betätigungsfeld des Guten ist mitunter naturwidrig, das Gute hingegen niemals, da ja ein Gut ohne die Vernunft keines ist, die Vernunft aber der Natur folgt. »Was also ist die Vernunft?« Die Nachahmung der Natur. »Und was ist das höchste Gut des Menschen?« Sich nach dem Willen der Natur zu richten.

Epistulae ad Lucilium 66,36–39

Ein Geist, der die Wahrheit im Blick hat, der weiß, was man meiden und was man erstreben soll, der die Dinge nicht subjektiv, sondern aufgrund ihres Wesens bewertet, der sich mit dem ganzen Weltall intensiv befaßt und allen seinen Geschehnissen seine Aufmerksamkeit schenkt, der in gleicher Weise auf Denken und Handeln bedacht, groß und energisch ist, der sich von widrigen Umständen ebensowenig beeinflussen läßt wie von angenehmen, der sich keinen Schicksalslaunen beugt, über alle Zufälle und Vorkommnisse erhaben ist, der Schönheit und Selbstbeherrschung mit Würde und Kraft verbindet, der vernünftig und nüchtern, leidenschaftslos und unerschrocken ist, den keine Gewalt brechen kann, den Zufälligkeiten weder überheblich werden lassen noch entmutigen – ein solcher Geist *ist* die sittliche Vollkommenheit.

Epistulae ad Lucilium 66,6

Du fragst, ob jedes Gut wünschenswert sei. »Falls es ein Gut ist«, sagst du, »tapfer die Folter zu ertragen, sich mutig verbrennen zu lassen und eine Krankheit geduldig hinzunehmen, folgt daraus, daß dies alles wünschenswert ist. In alledem sehe ich aber überhaupt nichts Wünschenswertes.« ... Natürlich möchte ich von der Folter verschont bleiben, doch wenn ich sie auszuhalten hätte, wünsche ich mir, mich dabei tapfer, ehrenvoll und mutig zu verhalten. Selbstverständlich ist es mir lieber, wenn kein Krieg ausbricht. Aber im Fall der Fälle möchte ich Verwundungen und alle anderen zwangsläufigen Kriegsfolgen heldenmütig erdulden. Ich bin nicht so verrückt, krank sein zu wollen. Doch wenn es mich trifft, wünsche ich mir, nicht unbeherrscht und wehleidig zu reagieren. Somit sind nicht die Unannehmlichkeiten wünschenswert, sondern die sittliche Vollkommenheit, mit der man den Unannehmlichkeiten standhält.

Epistulae ad Lucilium 67,3 f.

»Jedes Übel richtet Schaden an. Was Schaden anrichtet, macht uns schlechter. Doch Schmerz und Armut machen nicht schlechter. Folglich sind es keine Übel.«

Epistulae ad Lucilium 85,30

Durch Freunde wird ein Mensch nicht weiser, ohne Freunde nicht dümmer, somit auch nicht glücklicher oder unglücklicher. Solange die Tugend unversehrt ist, wirst du keinerlei Verlust spüren. »Wie denn? Jemand, der von vielen Freunden und Kindern umgeben ist, soll nicht glücklicher sein?« Wie könnte er das? Denn das höchste Gut läßt sich weder verringern noch steigern; es bewahrt das ihm eigene Maß, unabhängig von allen Schicksalslaunen.

Epistulae ad Lucilium 74,25 f.

Falls irgendwelche Güter wertvoller sein könnten als andere, so würde ich diejenigen, die hart scheinen, den sanften und angenehmen vorziehen und sie als die wertvolleren bezeichnen. Es ist nämlich eine größere Leistung, Schwierigkeiten zu meistern, als mit erfreulichen Situationen klarzukommen. Es ist das Verdienst derselben Vernunft, wie ich weiß, daß jemand sein Glück gut und sein Unglück tapfer erträgt.

Epistulae ad Lucilium 66,49 f.

Sooft du wissen willst, was man meiden und was man erstreben soll, schau auf das höchste Gut, das Ziel deines ganzen Lebens ... Was ist nun die sittliche Vollkommenheit? Ein wahrhaftiges, unbeeinflußbares Urteil. Ihm entspringen nämlich die Triebkräfte der Seele, dank seiner bekommt jede Vorstellung, die durch einen seelischen Impuls ausgelöst wird, klare Konturen. Aufgrund dieses Urteils kann man alle Handlungen, die von der sittlichen Vollkommenheit bestimmt werden, als Güter erklären und sie als untereinander gleichrangige anerkennen.

Epistulae ad Lucilium 71,2–33

Was also ist das Gute? Die Einsicht in die Dinge. Was ist das Schlechte? Die Unkenntnis der Dinge. Der kluge Mann, der Gestalter seines Lebens, wird alles je nach Situation verwerfen oder wählen; doch weder fürchtet er, was er verwirft, noch bewundert er, was er wählt, sofern er über Seelengröße und einen unbezwinglichen Geist verfügt ... Hierzu muß noch, damit die Tugend vollkommen ist, eine sich stets gleichbleibende Lebensführung kommen, die in allem in sich stimmig ist. Das ist nur möglich, wenn man Einsicht in die Dinge hat und die Kunst beherrscht, Göttliches und Menschliches zu erkennen. Das ist das höchste Gut. Bist du in seinem Besitz, brauchst du nicht mehr den Schutz der Götter zu erflehen, sondern wirst zum Gefährten der Götter.

Epistulae ad Lucilium 31,6–8

Der sittlichen Vollkommenheit schreiben wir folgende Aufgaben zu: Sie soll die Leidenschaften zügeln, Ängste beseitigen, voraussehen, was zu tun ist, und jedem das Seine zuteilen. So verstehen wir die Begriffe Mäßigkeit, Tapferkeit, Klugheit, Gerechtigkeit und bestimmen jedem seine zugehörigen Pflichten.

Epistulae ad Lucilium 120,11

Die sittliche Vollkommenheit läßt sich nicht steigern, folglich ist auch das glückliche Leben nicht steigerungsfähig, da es ja auf der Tugend beruht. Die sittliche Vollkommenheit ist nämlich ein so großes Gut, daß sie diese unbedeutenden Begleiterscheinungen wie Kürze des Lebens, Schmerz und verschiedene körperliche Beeinträchtigungen gar nicht spürt; die Lust freilich ist erst recht nicht ihrer Beachtung wert. Was ist das besondere Merkmal der Tugend? Von der Zukunft unabhängig zu sein und ihre Tage nicht zu zählen. Auch in noch so kurzer Zeit bringt sie ihre ewigen Vorzüge zur Vollendung.

Epistulae ad Lucilium 92,24 f.

Was aber hindert uns, das glückliche Leben als die geistig-seelische Haltung zu beschreiben, die sich durch Freiheit, aufrechten Sinn, Unerschrockenheit und Standfestigkeit auszeichnet, jenseits der Angst und jenseits der Begierde, für welche die Sittlichkeit das einzige Gut und die Unsittlichkeit das einzige Übel darstellt, die alles andere nur als wertlosen Haufen von Dingen betrachtet, die dem Glück nichts nehmen oder hinzufügen und kommen und gehen, ohne das höchste Gut zu mehren oder zu schmälern? Bei einer so stabilen Grundlage muß sich ganz zwangsläufig eine heitere Stimmung einstellen und eine tiefe, aus dem Innersten kommende Freude, da diese an dem, was sie besitzt, Gefallen findet und Größeres als das, was ihr eignet, nicht begehrt.

De vita beata 4,3 f.

Glücklich ist nicht derjenige, den die Leute so nennen, der über das große Geld verfügt, sondern der, dessen Hab und Gut geistiger Natur ist; er ist aufrecht, von erhabener Gesinnung, verachtet, was man allgemein bewundert, kennt keinen, mit dem er tauschen möchte, beurteilt einen Menschen nur nach seinem menschlichen Wert; er sieht in der Natur seine Lehrmeisterin, formt sich nach ihren Gesetzen und lebt nach ihren Vorschriften; keine Macht der Welt kann ihm seine Güter nehmen, Böses wendet er zum Guten; er ist sicher in seinem Urteil, unerschütterlich und furchtlos; ein Akt der Gewalt empört ihn, raubt ihm aber nicht die Fassung; wenn das Schicksal mit aller Kraft das gefährlichste Geschoß, das es hat, gegen ihn schleudert, wird er zwar leicht getroffen – auch das nur selten –, jedoch nicht verwundet. Alle übrigen Geschosse freilich, durch die das Schicksal die Menschheit niederstreckt, prallen von ihm ab wie Hagel, der – ohne jeden Schaden für die Bewohner – prasselnd auf den Dächern aufschlägt und alsbald schmilzt.

Epistulae ad Lucilium 45,9

Nur einer, den wir [Stoiker] dem Einfluß des Volkes und der Gewalt des Schicksals entzogen haben, ist im Innersten glücklich.

Epistulae ad Lucilium 119,11

Reicht die sittliche Vollkommenheit für ein glückliches Leben aus? Weswegen sollte sie, vollendet und göttlich, wie sie ist, nicht ausreichen, ja sogar mehr als genug? Denn was kann einem, der alle Wünsche hinter sich gelassen hat, noch fehlen? Was braucht einer, der all seinen Besitz in sich trägt, noch Hilfe von außen?

De vita beata 16,3

An dieser Stelle wirst du mir die Vorwürfe entgegenhalten, die man allgemein gegen die Stoiker vorbringt: »Ihr macht zu große Versprechungen, ihr stellt zu harte Forderungen. Wir sind doch nur schwache Menschen; wir können uns nicht alles versagen. Wir wollen trauern, wenn auch nicht lange. Wir wollen begehrlich sein, wenn auch in Maßen. Wir wollen Zorn empfinden, doch uns auch wieder versöhnen lassen.« Weißt du, warum wir das alles nicht können? Weil wir nicht daran glauben, daß wir es können. Es geht nämlich, beim Hercules, in Wirklichkeit um etwas ganz anderes: Wir verteidigen unsere Fehler, weil wir sie lieben, und entschuldigen sie lieber, als daß wir sie abstellen. Die Natur hat dem Menschen genügend Stärke gegeben, wir müssen sie nur einsetzen, unsere Kräfte bündeln und sie alle für uns, keinesfalls gegen uns verwenden. Wir wollen nicht, das ist der Grund; daß wir nicht können, ist bloß ein Vorwand.

Epistulae ad Lucilium 116,7 f.

Wen schließlich haben unsere Forderungen jemals enttäuscht, wenn er sich ihnen nur stellte? Wem erschienen sie nicht immer leichter, wenn er sie nur in die Tat umsetzte? Nicht weil sie schwer zu erfüllen sind, wagen wir nichts, sondern weil wir nichts wagen, sind sie schwer erfüllbar.

Epistulae ad Lucilium 104,26

Seneca

Darstellung im Chorgestühl des Ulmer Münsters
von Syrlin d. Ä.

(Foto: Helga Schmidt-Glassner, Stuttgart)

X

Der Weise

In einem übertrifft der Weise die Gottheit: Sie ist von Natur aus frei von Angst, er dank seines eigenen Verdienstes. Schau, es ist etwas Großes, ein schwacher Mensch zu sein und gleichzeitig die Sorglosigkeit eines Gottes zu besitzen.

Epistulae ad Lucilium 53,11 f.

Es kann also niemand dem Weisen schaden oder nützen, weil ja das Göttliche weder Hilfe wünscht, noch verletzt werden kann, der Weise aber in nächster Nachbarschaft zu den Göttern steht und, von seiner Sterblichkeit abgesehen, der Gottheit ähnlich ist ...

Wer, auf die Vernunft gestützt, göttlichen Sinnes die Wechselfälle des menschlichen Lebens durchschreitet, ist gegen jedes Unrecht gefeit – meinst du, ich sagte, nur gegen Unrecht von seiten anderer Menschen? Nein, auch gegen das Schicksal ist er gefeit, das, sooft es mit der sittlichen Vollkommenheit im Kampf lag, noch niemals siegreich war ...

Wenn wir wissen, der Tod ist kein Übel, somit auch kein Unrecht, werden wir alles andere viel leichter ertragen: Verluste und Schmerzen, Schimpf und Schande, Verbannungen, Tod von Kindern, Scheidungen – Dinge, von denen sich der Weise, selbst wenn sie alle gleichzeitig auftreten, nicht entmutigen läßt, geschweige denn, daß er schon bei einzelnen Schlägen Trauer empfände.

De constantia sapientis 8,2 f.

Der Weise wird nichts verlieren, dessen Verlust er empfinden könnte. Sein einziger Besitz ist nämlich die sittliche Vollkommenheit, die ihm niemals entrissen werden kann. Alles andere betrachtet er als geliehen: Wer aber leidet unter dem Verlust von Dingen, die ihm nicht gehören?

De constantia sapientis 5,5

»Wie denn? Wird der Weise nichts empfinden, was einer Erregung gleicht? Wird sein Gesicht nicht die Farbe wechseln, wird sich seine Miene nicht verziehen, wird es ihn nicht schaudern? Und wird er kein Gefühl zeigen, das nicht vom Verstand bestimmt, sondern durch eine unwillkürliche natürliche Reaktion ausgelöst wird?« Doch schon; aber er wird davon überzeugt bleiben, daß nichts ein Übel ist und wert, daß ein gesunder Geist sich beugt.

Epistulae ad Lucilium 74,31

Ein Unglück, mit dem man gerechnet hat, trifft nur leicht. Doch in den Augen von Dummköpfen und Leuten, die sich vom Schicksal abhängig machen, ist alles, was passiert, neu und unerwartet ... Deshalb gewöhnt sich der Weise an künftiges Unglück, und was sich andere durch langes Ertragen erleichtern, macht er sich durch langes Nachdenken leicht. Manchmal hören wir die Stimmen von Unwissenden, die sagen: »Ich wußte, daß mir das noch bevorstand.« Der Weise weiß, daß er mit allem rechnen muß. Was auch immer ihm zustößt, er sagt: »Ich wußte es.«

Epistulae ad Lucilium 76,34 f.

Unsere Behauptung, daß für den Weisen nichts unerwartet kommt, hat folgenden Grund: Wir erheben ihn nicht über die Wechselfälle des menschlichen Daseins, sondern über die Irrtümer; auch verläuft ihm nicht alles nach Wunsch, wohl aber so, wie er es erwartet hat. Vor allem jedoch hat er bedacht, daß seine Pläne auf Hindernisse stoßen können. Notwendigerweise aber schmerzen enttäuschte Wünsche den Menschen weniger, der nicht unbedingt mit einem glücklichen Ausgang gerechnet hat.

De tranquillitate animi 13,3

Der Weise geht übermächtigen Gefahren aus dem Weg, hütet sich aber besonders davor, sein ausweichendes Verhalten zu zeigen; Sicherheit liegt ja zum Teil auch darin, sie nicht allzu offenkundig anzustreben; denn das, was man meidet, verurteilt man.

Epistulae ad Lucilium 14,8

Schicksalsschläge und die Bosheit von Menschen beeindrucken ihn so wenig, daß gerade die erlittene Kränkung ihm Nutzen bringt; er lernt sich dadurch kennen und stellt seine Charakterstärke auf die Probe.

De constantia sapientis 9,3

Du mußt wissen, daß der sittlich gute Mann keinen Augenblick zögert, eine edle Tat zu vollbringen. Mag da der Henker stehen, mögen der Folterknecht und der Scheiterhaufen auf ihn warten, er wird standhaft bleiben und nicht auf das schauen, was er zu erleiden, sondern auf das, was er zu tun hat; er wird sich einer ehrbaren Sache so vertrauensvoll überlassen wie einem guten Menschen.

Epistulae ad Lucilium 66,21

Der Weise bleibt bei seiner Entscheidung, falls sich die Umstände gegenüber dem Zeitpunkt seines Entschlusses nicht geändert haben. Deswegen empfindet er auch niemals Reue, weil ja im fraglichen Augenblick nichts Besseres geschehen konnte, als geschehen ist, und nichts Besseres beschlossen werden konnte, als beschlossen worden ist. Im übrigen geht er an alles mit dem Vorbehalt heran: »Wenn nichts dazwischenkommt.« Daher sagen wir, ihm gelinge alles und nichts treffe ihn unerwartet, weil er ja in Gedanken schon vorwegnimmt, daß etwas eintreten kann, was seine Absichten vereitelt.

De beneficiis 4,34,4

Der Weise ist voller Freude, heiter und freundlich, unerschütterlich. Er lebt mit den Göttern von gleich zu gleich. Nun prüfe dich selbst: Falls du niemals traurig bist, falls dich keine Hoffnung in Erwartung der Zukunft beunruhigt, falls deine gehobene, mit sich selbst zufriedene seelische Stimmung bei Tag und Nacht gleich und ausgeglichen bleibt, hast du den Gipfel menschlicher Vollkommenheit erreicht ... Die Seele des Weisen ist wie das Weltall über dem Mond: stets erfüllt von Heiterkeit. Du hast also Grund genug, auch weise werden zu wollen, wenn denn der Weise niemals ohne Freude ist.

Epistulae ad Lucilium 59,14–16

Freilich meint der Weise nicht, er sei der Zufallsgaben unwürdig; er liebt den Reichtum nicht, doch zieht er ihn vor; er läßt ihn nicht in sein Herz, wohl aber in sein

Haus; er verachtet nicht den Besitz, sondern hält ihn zusammen und möchte, daß er seinen Qualitäten ein größeres Betätigungsfeld verschafft.

Gibt es irgendeinen Zweifel, daß es für den Weisen im Reichtum mehr Möglichkeiten gibt, sich zu entfalten, als in der Armut? Denn in der Armut besteht die sittliche Leistung nur darin, sich nicht unterkriegen und entmutigen zu lassen, während sich im Reichtum ein weites Feld für Mäßigkeit, Freigebigkeit, Sorgfalt, Einteilungsvermögen und Großzügigkeit eröffnet.

Der Weise wird sich nicht verachten, wenn er kleingewachsen ist, gleichwohl wird er sich wünschen, groß zu sein. Auch mit einem schmächtigen Körper oder nach dem Verlust eines Auges wird er sich wohlfühlen, dennoch hätte er lieber einen robusten Körper und wird zugleich wissen, daß etwas anderes in ihm stärker ist. Krankheit wird er ertragen, Gesundheit wünschen. Denn manches trägt, auch wenn es aufs Ganze gesehen bedeutungslos ist und uns ohne Schaden für das höchste Gut genommen werden kann, trotzdem etwas zu der beständigen Fröhlichkeit bei, die der Tugend erwächst. So regt Reichtum den Weisen an und stimmt ihn heiter – auch ein Seereisender freut sich über günstigen Fahrtwind –, ebenso wie ein schöner Tag und ein sonniger Platz in der Kälte des Winters.

Gibt es ferner überhaupt einen Weisen – ich spreche von den Unseren, für welche die sittliche Vollkommenheit das einzige Gut darstellt –, der bestreitet, daß auch Dinge, die wir als gleichgültig bezeichnen, einigen Wert besitzen und die einen den Vorrang verdienen vor den anderen? Manchen davon erkennt man einen gewissen Wert zu, manchen auch einen bedeutenden. Laß dich somit nicht täuschen: Reichtum gehört zu den vorzuziehenden Dingen ...

Hör also damit auf, den Philosophen das Geld zu verbieten. Noch niemand hat die Weisheit zur Armut verurteilt. Der Philosoph wird große Reichtümer besitzen, doch sind sie keinem weggenommen oder mit fremdem Blut befleckt; sie wurden erworben, ohne jemandem Unrecht zu tun, ohne schmutzige Machenschaften ...

Der Weise wird sich der Gunst des Schicksals nicht entziehen und sich seines in Ehren erworbenen Reichtums weder rühmen noch schämen.

De vita beata 21,4–23,2

Unter anderem ist dies das Gute an der Weisheit: Niemand kann von einem anderen übertroffen werden, außer wenn man sich noch beim Anstieg befindet. Ist man zum Gipfel gelangt, herrscht Gleichheit; dann gibt es für einen weiteren Zuwachs keinen Platz mehr, man bleibt stehen ... Mag es auch noch so viele Weise geben, sie werden untereinander völlig gleich sein. Ein jeder von ihnen wird seine eigenen Begabungen haben: Einer ist leutseliger, ein anderer schlagfertiger, ein dritter gewandter beim Vortrag und wieder ein anderer rhetorisch begabter; doch das, worum es geht und was das Glück ausmacht, das ist bei allen gleich.

Epistulae ad Lucilium 79,8 f.

Was ist Größe im Menschenleben? Größe ist nicht, mit vielen Flotten über die Meere zu fahren, an der Küste des Roten Meeres die Feldzeichen aufzupflanzen oder – wenn es kein Land mehr gibt, das man unterwerfen könnte – auf der Suche nach unbekannten Ländern auf dem Weltmeer umherzukreuzen; sondern Größe ist, alles geistig zu durchdringen und seine Leidenschaften zu beherrschen: Das ist der größte Sieg. Unzählige Menschen gibt es, die Völker und Städte in ihrer Gewalt hatten, doch nur sehr wenige, die Herr ihrer selbst waren.

Was ist Größe? Sich über die Drohungen und Versprechungen des Schicksals zu erheben und nichts für so wertvoll zu halten, daß man es sich erhoffen sollte ...

Was ist Größe? Heiteren Herzens Widrigkeiten zu ertragen; alles, was geschieht, so hinzunehmen, als habe man gewollt, daß es passiert (man hätte es ja wollen müssen, wäre man sich klar gewesen, daß alles auf Beschluß der Gottheit geschieht: weinen, klagen und seufzen bedeuten nämlich Auflehnung).

Was ist Größe? Eine Geisteshaltung, tapfer und trotzig gegen alles Unglück, der Genußsucht nicht nur abgeneigt, sondern feindlich, die Gefahr weder suchend noch fliehend, das Schicksal nicht abwartend, sondern gestaltend, Gutem und Bösem furchtlos und gefaßt entgegentretend, beeindruckt weder vom Sturm des einen noch vom Glanz des anderen.

Was ist Größe? Böse Gedanken nicht zuzulassen, reine Hände zum Himmel zu erheben, kein Gut zu erstreben, das, damit es in deinen Besitz gelangt, irgendeiner dir geben oder auf das irgendeiner verzichten müßte, sondern dir das zu wünschen, was man, ohne sich Feinde zu machen, wünschen kann: ein reines Gewissen. Alles andere, was die Menschen hoch bewerten, auch wenn es der Zufall ins Haus brächte, so zu betrachten, als würde es ebenso wieder gehen, wie es gekommen ist.

Was ist Größe? Den Geist hoch über die Zufälligkeiten zu erheben, sich seines Menschseins bewußt zu sein, so daß man, wenn man glücklich ist, damit rechnet, es wird nicht lange dauern, und desgleichen im Unglück weiß, daß man nicht unglücklich ist, außer wenn man sich dafür hält.

Was ist Größe? Jederzeit bereit zu sein zu sterben: So wird man frei, zwar nicht nach bürgerlichem Recht, wohl aber nach dem Recht der Natur. Frei aber ist, wer seiner Knechtschaft entflohen ist. Diese Knechtschaft währt ununterbrochen, ist unabwendbar und lastet Tag und Nacht gleichermaßen auf uns, ohne Unterlaß, ohne Unterbrechung. Sein eigener Sklave zu sein ist die schlimmste Knechtschaft. Wie leicht kann man sie abschütteln, ... wenn man sich sein Menschsein und sein kurzes Leben vor Augen stellt, mag man auch noch sehr jung sein, und zu sich selbst sagt: »Warum gebärde ich mich wie ein Verrückter? Warum keuche ich so? Warum schwitze ich? Warum verbreite ich auf der Erde und auf dem Forum so viel Unruhe? – Man braucht nicht viel, und man braucht es nicht lange.«

Naturales quaestiones 3, praef. 10–17

Du hast keinen Grund zu behaupten, wie du es immer tust, dieser unser Weiser lasse sich nirgends finden. Wir denken uns nicht eine glänzende Schimäre des menschlichen Charakters aus und entwerfen auch nicht das großartige Bild von etwas ganz Unwirklichem, sondern wir haben den Weisen, so wie wir ihn uns vorstellen, nachgewiesen und werden ihn weiter nachweisen können. Vielleicht trifft man ihn nur selten und in großen Zeitabständen immer bloß einen einzigen. Großes und das übliche und gewöhnliche Maß Überragendes gibt es ja nicht sehr oft.

De constantia sapientis 7,1

»Gibt es unterhalb der Weisheit keine Abstufungen? Klafft gleich neben der Weisheit ein Abgrund?« Meiner Meinung nach nicht. Denn wer Fortschritte macht, gehört zwar noch zur Zahl der Unwissenden, doch unterscheidet er sich schon beträchtlich von ihnen. Auch unter den Fortschreitenden selbst gibt es große Unterschiede. Nach Ansicht gewisser Philosophen kann man sie drei Klassen zuordnen:

Zur ersten gehören die, welche noch nicht im Besitz der Weisheit sind, sich aber schon in ihrer Nähe befinden... Sie haben bereits alle ihre Affekte und Fehler abgelegt, haben gelernt, was man sich aneignen mußte, doch ihre Zuverlässigkeit hat sich noch nicht bewährt. Sie können von ihrem Gut noch keinen Gebrauch machen, trotzdem sind sie schon dagegen gefeit, wieder in die alten Fehler zu verfallen; sie sind bereits da, wo es kein Zurückgleiten mehr gibt... Manche definieren die gerade besprochene Klasse der Fortschreitenden so, daß sie sagen, sie hätten die Krankheiten der Seele bereits überwunden, doch noch nicht die Affekte, und ständen noch auf schlüpfrigem Boden, da nur derjenige der Gefahr der Schlechtigkeit entronnen sei, der sie gänzlich abgeschüttelt hat...

Zur zweiten Klasse gehören diejenigen, welche sowohl die ärgsten Übel der Seele als auch die Affekte abgelegt haben, aber ihre Gemütsruhe noch nicht sicher besitzen; sie können nämlich in den früheren Zustand zurückfallen.

Die dritte Klasse ist frei von vielen schweren Fehlern, aber noch nicht von allen. Diese Menschen haben die Habgier hinter sich gelassen, empfinden jedoch noch Zorn. Sie werden von der Begierde nicht mehr gequält, wohl aber vom Ehrgeiz; sie begehren nichts mehr, doch haben sie noch Angst, und gerade in diesem Zustand halten sie manchem ausreichend stand, anderem hingegen geben sie nach. Den Tod verachten sie, vor dem Schmerz schaudern sie zurück.

An dieser Stelle wollen wir uns etwas klarmachen. Es wird gut um uns bestellt sein, wenn wir in der letztgenannten Gruppe Einlaß finden. Nur bei einer sehr günstigen Veranlagung und mit großem, fortwährendem angespannten Bemühen erreicht man die zweite Stufe. Doch auch die dritte Klasse verdient keine Verachtung. Bedenke, wieviel Böses du rings um dich siehst; schau dir an, wie es für jeden Frevel Beispiele gibt, wie die Schlechtigkeit täglich weiter fortschreitet, wieviel privat und öffentlich gesündigt wird. Dann wirst du begreifen, daß wir genug erreicht haben, wenn wir nicht zu den Schlimmsten gehören.

Epistulae ad Lucilium 75,8–15

Epilog

Daher verehre ich die Erkenntnisse der Weisheit und ihre Entdecker; mit Freude nähere ich mich gleichsam dem Vermächtnis vieler. Für mich ist dies alles erworben, für mich erarbeitet. Doch wir wollen uns als guter Familienvater erweisen und mehr hinterlassen, als wir bekommen haben; dies Erbe soll vergrößert von mir auf die Nachwelt übergehen. Viel bleibt noch zu tun, und viel wird bleiben, und keinem, der nach tausend Menschenaltern auf die Welt kommt, ist die Möglichkeit versperrt, noch etwas hinzuzufügen. Aber selbst wenn schon alles von den alten Denkern herausgefunden wurde, wird dies immer neu sein: die Anwendung, das Verstehen und die Neuordnung der von anderen stammenden Erkenntnisse.

Epistulae ad Lucilium 64,7 f.

Erklärendes Verzeichnis der Eigennamen

AKADEMIKER, Philosoph aus der Schule Platons
AQUA VIRGO, römische Wasserleitung
ARISTOTELES (384–322 v. Chr.), griechischer Philosoph, Schüler Platons, Gründer des Peripatos
AS, römische Bronzemünze
ATHENODOROS (1. Jh. v. Chr.), stoischer Philosoph
ATTALUS, philosophischer Lehrer Senecas
AUGUSTUS, erster römischer Kaiser, reg. 31 v. Chr. – 14 n. Chr.
BAIAE, Stadt am Golf von Neapel
CAESAR, Ehrentitel des Kaisers (Princeps)
CALIGULA, römischer Kaiser, reg. 37–41 n. Chr.
CATO (95–46 v. Chr.), römischer Politiker; »der letzte Republikaner«
CHRYSIPP (281/277–208/204 v. Chr.), stoischer Philosoph, Nachfolger des Kleanthes als Schuloberhaupt
CICERO (106–43 v. Chr.), römischer Politiker und Schriftsteller
CLAUDIUS, römischer Kaiser, reg. 41–54 n. Chr.
CORNELIA (2. Jh. v. Chr.), Mutter der Volkstribunen Tiberius und Gaius Gracchus
CUPIDO, Gott der Liebe, Sohn der Venus
DAIDALOS (DAEDALUS), sagenhafter griechischer Erfinder; Erbauer des Labyrinths auf Kreta
DEMOKRIT (um 460–380/370 v. Chr.), griechischer Philosoph, Hauptvertreter der Atomlehre
DIOGENES (404–323 v. Chr.), kynischer Philosoph
EPIKUR (343/341–271/270 v. Chr.), griechischer Philosoph; Gründer der epikureischen Philosophenschule
ETRUSKER, Bewohner Etruriens (heute: Toscana)
FLACCUS, Freund des Lucilius, nicht weiter bekannt
FORUM, römischer Marktplatz
GERMANICUS (15 v. – 19 n. Chr.), Vater des Kaisers Caligula
HEKATON (2. Jh. v. Chr.), griechischer Philosoph der Mittleren Stoa

HERCULES (HERAKLES), griechisch-römischer Halbgott
HIPPOKRATES (5. Jh. v. Chr.), berühmter griechischer Arzt
HOSTIUS QUADRA, nicht weiter bekannt
IUNO, italische Göttin, Schwester und Gemahlin Iupiters
IUPITER, Haupt- und Staatsgott der Römer
KARTHAGO, Stadt in Nordafrika, in der Nähe des heutigen Tunis
KLEANTHES (gest. 232/213 v. Chr.), stoischer Philosoph, Nachfolger Zenons als Schuloberhaupt
KOMITIENPLATZ, Versammlungsplatz unterhalb des Kapitols in Rom
KYNIKER, Anhänger der kynischen Philosophenschule des Antisthenes (Bedürfnislosigkeit)
LAELIUS (um 190 – vor 123 v. Chr.), »der Weise«; Politiker, Anwalt und Redner
LIBERALIS, Bürger aus Lugdunum (heute: Lyon); ihm widmete Seneca seine Schrift *De beneficiis*
LUCILIUS, römischer Ritter, Freund Senecas, Adressat der *Epistulae morales*
MARCIA, Tochter des Senators Aulus Cremutius Cordus, der im Jahr 25 n. Chr. wegen staatskritischer Äußerungen unter Anklage stand und seiner Verurteilung durch Selbstmord zuvorkam; der lange um ihn trauernden Marcia widmete Seneca eine Trostschrift
MARS, Name eines Planeten
MERCUR, Name eines Planeten
METRONAX, stoischer Philosoph in Neapel zur Zeit Senecas
NERO, römischer Kaiser, reg. 54–68 n. Chr.
ODYSSEUS, Held der griechischen Sage; kehrte erst nach langer Irrfahrt von Troja nach Ithaka zurück
ORCUS, lateinische Bezeichnung der Unterwelt
PANAITIOS (um 185–109 v. Chr.), seit 129 Schuloberhaupt der Stoa
PAULINUS, nicht eindeutig identifizierbarer Adressat von Senecas Schrift *De brevitate vitae*
PENELOPE, Frau des Odysseus; hielt während dessen Abwesenheit ihre Freier damit hin, daß sie an einem Tuch webte, das sie nachts wieder auftrennte; nach dessen Fertigstellung wollte sie, so ihr Versprechen, einen ihrer Bewerber erhören
PERIPATETIKER, Anhänger der aristotelischen Schule des Peripatos
PHARIUS, junger Trainingspartner Senecas
POMPEJI, Stadt am Golf von Neapel
POSEIDONIOS (1. Jh. v. Chr.), stoischer Philosoph

PYTHAGORAS (6. Jh. v. Chr.), Mathematiker und Philosoph aus Samos

REGULUS, Konsul des Jahres 63 n. Chr.

SALLUST (86 – um 35 v. Chr.), römischer Historiker

SATURN, Name eines Planeten

SERENUS, vielleicht ein Verwandter Senecas; ihm sind *De constantia sapientis*, *De otio* und *De tranquillitate animi* gewidmet

SEXTIUS (1. Jh. v. Chr.), römischer Philosoph

»SIEBEN WEISE«, zum üblichen Kanon gehören Kleobulos von Lindos, Solon von Athen, Chilon von Sparta, Thales von Milet, Pittakos von Mytilene, Bias von Briene, Periandros von Korinth

SIRENEN, Meergöttinnen, die mit ihrem Gesang die Reisenden ins Verderben locken; um ihren Verführungskünsten nicht zu unterliegen, verstopft Odysseus die Ohren seiner Gefährten mit Wachs und läßt sich selbst an einem Pfahl festbinden

SOKRATES (um 470–399 v. Chr.), Begründer der attischen Philosophie

SOLON (um 640–559 v. Chr.), Gesetzgeber in Athen, einer der »Sieben Weisen«

SOTION, philosophischer Lehrer Senecas

STOIKER, Anhänger der Philosophie der Stoa

THEOPHRAST (372/370–288/286 v. Chr.), nach Aristoteles Schuloberhaupt des Peripatos

TIBERIUS, römischer Kaiser, reg. 14–37 n. Chr.

TIGRIS, Fluß in Mesopotamien

VAGELLIUS, vielleicht der Konsul suffectus des Jahres 45 oder 46 n. Chr.

VARUS, römischer Statthalter in Germanien, im Teutoburger Wald (9 n. Chr.) unter Führung des Cheruskers Arminius vernichtend geschlagen

VERGINIUS, Konsul des Jahres 63 n. Chr.

ZENON (333/332–262 v. Chr.), Philosoph aus Kition (Zypern), Begründer der Stoa in Athen

Zeittafel

Senecas Leben

um 4 v. Chr.	Geboren in Corduba als zweiter Sohn des römischen Ritters Lucius (?) Annaeus Seneca (Verfasser rhetorischer Schriften: *controversiae*; *suasoriae*) und der Helvia; der jüngere Bruder M. Annaeus Mela ist Vater des Dichters Lucan (*Pharsalia*).
14–37 n. Chr.	Kaiser Tiberius.
Kindheit und Jugend	Übersiedlung nach Rom; Unterricht beim *grammaticus*; rhetorische und juristische Ausbildung; philosophische Studien bei Sotion und Papirius Fabianus aus der römischen Philosophenschule der Sextier (stoanah mit pythagoreischen Zügen) und dem Stoiker Attalus. Längerer Genesungsaufenthalt in Ägypten.
31	Rückkehr nach Rom; Tätigkeit als Anwalt; Beginn der politischen Karriere mit der Quaestur (Finanzverwaltung).
37–41	Kaiser Caligula.
41–54	Kaiser Claudius.
41	Verbannung nach Korsika wegen angeblichen Ehebruchs mit Iulia Livilla, einer Schwester Caligulas.
49	Rückkehr aus dem Exil auf Betreiben Agrippinas, der Mutter Neros; Praetor designatus für das Jahr 50; Erzieher Neros.

54–68	Kaiser Nero.
54–62	Zusammen mit dem Gardepräfekten Afranius Burrus außen- und innenpolitischer Berater des Kaisers.
55/56	Konsul.
58	Prozeß des P. Suillius Rufus (Diffamierung Senecas als Heuchler).
59	Ermordung Agrippinas.
62	Rückzug ins Privatleben nach dem Tod des Burrus.
19. 4. 65	Erzwungener Selbstmord wegen angeblicher Mitwisserschaft an der Pisonischen Verschwörung.

Die erhaltenen Schriften Senecas

In chronologischer Reihenfolge[1]

Philosophische Prosa

Dialoge
Consolatio ad Marciam	zw. 37 und 41
De ira	41 oder 49/52
Consolatio ad Helviam matrem	Ende 41
Consolatio ad Polybium	zw. 41 und 44
De brevitate vitae	zw. 41 und 48
De constantia sapientis	vor 62/63
De tranquillitate animi	vor 62/63
De vita beata	zw. 54 und 62
De otio	nach 62
De providentia	nach 62
De clementia	55/56
De beneficiis	zw. 54 und 62
Epistulae ad Lucilium	62 ff.
Naturales quaestiones	62 ff.

Fragmente

---

[1] In vielen Fällen ist keine genauere Datierung möglich, vgl. Abel, *Seneca*, S. 703 ff., auf dessen Ausführungen ich mich hier stütze.

Dichtungen

Apocolocyntosis	Ende 54
Tragödien	überwiegend nach 59

   Hercules furens
   Troades
   Phoenissae
   Medea
   Phaedra
   Oedipus
   Agamemnon
   Thyestes
   Hercules Oetaeus

   Octavia (unecht)

Epigramme (unsicher)

Literaturhinweise

Lateinische Ausgaben

Textgrundlage für diesen Band sind:

Gercke, Alfred   L. Annaei Senecae Naturalium quaestionum libri VIII. Edidit A. G. Editio stereotypa editionis anni 1907, cum addendis. Stuttgart: Teubner, 1986.

Préchac, François   Sénèque. Des bienfaits. Texte établi et traduit par F. P. 2 Bde. Paris: Presses universitaires de France, ³1972.

Reynolds, L. D.   L. Annaei Senecae Ad Lucilium epistulae morales. Recognovit et adnotatione critica instruxit L. D. R. 2 Bde. Oxford: Clarendon Press, 1965. Repr. with corrections 1966–78.

– L. Annaei Senecae Dialogorum libri duodecim. Recognovit brevique adnotatione critica instruxit L. D. R. Oxford: Clarendon Press, 1977. Repr. with corrections 1988. 1991.

Waltz, R.   Sénèque. L'apocoloquintose du divin Claude. Texte établi et traduit par R. W. Paris: Presses universitaires de France, 1966.

Zwierlein, Otto   L. Annaei Senecae Tragoediae. Recognovit brevique annotatione critica instruxit O. Z. Oxford: Clarendon Press, 1986. Repr. with corrections 1987. 1988. 1991.

Zweisprachige Ausgaben und Übersetzungen

L. Annaeus Seneca: Apocolocyntosis / Die Verkürbissung des Kaisers Claudius. Lat./Dt. Übers. und hrsg. von Anton Bauer. Stuttgart: Reclam, 1981. (Universal-Bibliothek. 7676.)

– De brevitate vitae / Von der Kürze des Lebens. Lat./Dt. Übers. und hrsg. von Marion Giebel. Stuttgart: Reclam, 2008. (Universal-Bibliothek. 18545.)

– De clementia / Über die Güte. Lat./Dt. Hrsg. von Karl Büchner. Stuttgart: Reclam, 1970. (Universal-Bibliothek. 8385.)

L. Annaeus Seneca: De ira / Über die Wut. Lat./Dt. Übers. und hrsg. von Jula Wildberger. Stuttgart: Reclam, 2007. (Universal-Bibliothek. 18456.)
– De otio / Über die Muße. De providentia / Über die Vorsehung. Lat./Dt. Übers. und hrsg. von Gerhard Krüger. Stuttgart: Reclam, 1996. (Universal-Bibliothek. 9610.)
– De tranquillitate animi / Über die Ausgeglichenheit der Seele. Lat./Dt. Übers. und hrsg. von Heinz Gunermann. Stuttgart: Reclam, 1984. (Universal-Bibliothek. 1846.)
– De vita beata / Vom glücklichen Leben. Lat./Dt. Übers. und hrsg. von Fritz-Heiner Mutschler. Stuttgart: Reclam, 2009. (Universal-Bibliothek. 1849.)
– Epistulae morales ad Lucilium / Briefe an Lucilius über Ethik. Lat./Dt.
Liber I–V. Übers. und hrsg. von Franz Loretto. Stuttgart: Reclam, 1977–88. (Universal-Bibliothek. 2132–2136.)
Liber VI–XIII. Übers. und hrsg. von Rainer Rauthe. Ebd. 1986 bis 1996. (Universal-Bibliothek. 2137–2143.)
Liber XIV–XV. Übers. und hrsg. von Franz Loretto. Ebd. 1993 bis 1996. (Universal-Bibliothek. 9370–9371.)
– Gesamtausgabe I (Briefe 1–80). Neu übers. und mit Erl. sowie einem Essay »Zum Verständnis des Werkes« hrsg. von Ernst Glaser-Gerhard. Reinbek: Rowohlt, 1965. (Rowohlts Klassiker. 185/186.)
Gesamtausgabe II (Briefe 81–124). Neu übers. und mit Erl. sowie einer Zeittafel hrsg. von Ernst Glaser-Gerhard. Ebd. 1965. (Rowohlts Klassiker. 190/191.)
– Medea. Lat./Dt. Übers. und hrsg. von Bruno W. Häuptli. Stuttgart: Reclam, 1993. (Universal-Bibliothek. 8882.)
– Naturales quaestiones / Naturwissenschaftliche Untersuchungen. Lat./Dt. Übers. und hrsg. von Otto und Eva Schönberger. Stuttgart: Reclam, 1998. (Universal-Bibliothek. 9644.)
– Oedipus. Lat./Dt. Übers. und hrsg. von Konrad Heldmann. Stuttgart: Reclam, 1974. (Universal-Bibliothek. 9717.)
– Philosophische Schriften. Studienausgabe. Lat./Dt. 5 Bde. Übers., eingel. und mit Anm. versehen von Manfred Rosenbach. (Lat. Texte von A. Bourgery, R. Waltz und François Préchac.) Darmstadt: Wissenschaftliche Buchgesellschaft, 2011.
Seneca: Das glückliche Leben / De vita beata. Lat./Dt. Hrsg. von Rainer Nickel. Berlin: Akademie-Verlag, 2012.
– Die Kürze des Lebens / De brevitate vitae. Lat./Dt. Übers. und hrsg. von Gerhard Fink. Berlin: Akademie-Verlag, 2003.

Seneca: Epistulae ad Lucilium / Briefe an Lucilius. Lat./Dt. 2 Bde. Übers. und hrsg. von Gerhard Fink [Bd. 1] / Rainer Nickel [Bd. 2]. Berlin: Akademie-Verlag, 2007/09.
– Sämtliche Tragödien. Lat./Dt. Übers. und erl. von Theodor Thomann. 2 Bde. Zürich/Stuttgart: Artemis, 1961–69.
– Schriften zur Ethik. Die kleinen Dialoge. Lat./Dt. Übers. und hrsg. von Gerhard Fink. Berlin: Akademie-Verlag, 2008.
– Vom glückseligen Leben. Auswahl aus seinen Schriften. Nach der Übers. von A. Forbiger (1867) hrsg. von Heinrich Schmidt. Einl. von Jürgen Kroymann. Stuttgart: Kröner, [14]1978.
– Von der Seelenruhe. Philosophische Schriften und Briefe. Leipzig: Dieterich, 1980. Liz.-Ausg. Frankfurt a. M.: Insel Verlag, 1984. (it 743.)

Leben und Philosophie Senecas

Abel, Karlhans: Seneca. Leben und Leistung. In: Aufstieg und Niedergang der römischen Welt (ANRW). Hrsg. von Hildegard Temporini und Wolfgang Haase. Bd. II,32,2. Berlin / New York 1985. S. 653–775.

Albrecht, Michael von: Wort und Wandlung. Senecas Lebenskunst. Leiden: Brill, 2004.

Baier, Thomas / Manuwald, Gesine / Zimmermann, Bernhard (Hrsg.): Seneca – Philosophus et magister. Freiburg i. Br.: Rombach, 2005.

Eller, Karl Heinz (Bearb.): Politik und Geist im römischen Denken. Freiburg i. Br. 1982.

Fuhrmann, Manfred: Seneca. In: Die Großen der Weltgeschichte. Bd. 2. Zürich 1972. S. 249–309.

Giebel, Marion: Seneca. Reinbek bei Hamburg: Rowohlt, 1997. [7]2012.

Griffin, Miriam T.: Seneca. A Philosopher in Politics. Oxford 1976.

Grimal, Pierre: Seneca. Macht und Ohnmacht des Geistes. Übers. von Karlhans Abel. Darmstadt 1978. (Impulse der Forschung. 24.)

Hossenfelder, Malte: Die Philosophie der Antike 3: Stoa, Epikureismus und Skepsis. München 1985. 2., aktualis. Aufl. 1995.

Inwood, Brad: Reading Seneca. Stoic Philosophy at Rome. Oxford: Clarendon Press, 2005.

Knoche, Ulrich: Der Philosoph Seneca. Frankfurt a. M. 1933.

Krefeld, Heinrich: Seneca und wir. Zugänge zur Aktualität seiner Lehre. Bamberg: Buchner, 1992. (Auxilia. 31.)
Kytzler, Bernhard: Die nachklassische Prosa Roms. In: Römische Literatur. Hrsg. von Manfred Fuhrmann. Frankfurt a. M. 1974. S. 291–322, bes. S. 295–299.
Löwenstein, Hubertus zu: Seneca – Kaiser ohne Purpur. Philosoph, Staatsmann und Verschwörer. München 1975.
Maurach, Gregor: Die Gültigkeit von Senecas Kerngedanken. In: Lateinische Literatur, heute wirkend. Hrsg. von Hans J. Glücklich. Bd. 2. Göttingen 1987. S. 60–73.
– (Hrsg.): Seneca als Philosoph. Darmstadt 1975. 2., erw. Aufl. 1987. (Wege der Forschung. 414.)
– Seneca. Leben und Werk. Darmstadt 1991, ⁵2007.
Pohlenz, Max: Die Stoa. Geschichte einer geistigen Bewegung. 2 Bde. Göttingen, 1948–49. Bd. 1: 7. Aufl. 1992. Bd. 2: 6. Aufl. 1990.
Rist, J. M.: Seneca and Stoic Orthodoxy. In: Aufstieg und Niedergang der römischen Welt (ANRW). Hrsg. von Hildegard Temporini und Wolfgang Haase. Bd. II,36,3. Berlin / New York 1989. S. 1993–2012.
Rozelaar, Marc: Seneca. Eine Gesamtdarstellung. Amsterdam 1976.
Schmidt, Günther: Lucius Annaeus Seneca. In: Der Kleine Pauly. Lexikon der Antike. Bd. 5. München 1973. Sp. 110–116.
Sørensen, Villy: Seneca. Ein Humanist an Neros Hof. Übers. von Monika Wesemann. München 1984. 2., durchges. Aufl. 1985.
Veyne, Paul: Seneca. The Life of a Stoic. London: Routledge, 2003.
– Weisheit und Altruismus. Eine Einführung in die Philosophie Senecas. Übers. von Holger Fliessbach. Frankfurt a. M. 1993.

Die Abbildungsvorlagen sind, soweit nicht anders vermerkt, dem Verlagsarchiv Reclam entnommen.